大膽思考

胸懷卓越、成就非凡，釋放人生無限潛能的十步驟

Think Big
A 10-Step Guide to Aspiring to Greatness

戴蒙・札哈里斯 **Damon Zahariades** 著
林幼嵐 譯

推薦序

作爲一名大學老師，「思考」一直是我長期關注與研究的議題。

因爲我始終相信，光知道「要思考」是不夠的；眞正關鍵的，是我們是否有持續提升對思考的認知與敏感度？是否願意接觸那些更宏觀、更本質的問題，來擴充與深化自己的思維？

這也是《大膽思考》這本書想提醒我們的重點，也是我推薦它的原因。

作者（Damon Zahariades）前半段，幫助我們釐清「什麼是大膽思考」；後半段又像一本簡單與明確的行動手冊，提供步驟，引導讀者把抽象思考轉化爲可實踐的過程。

這本書不只是談觀念與認知，而是從根本上帶領讀者重新審視思考的角度與方式。某種程度上，我想作者更試圖邀請我們：

「走出慣性、鬆動限制，重新面對那些被心態、習慣與自我懷疑所壓縮的可能性。」

其中幾個觀點，我也相當認同，除了深具教育意義外，也很適合當下這個時代，比如：

1. 我們爲什麼那麼在意別人的看法？爲什麼容易陷入「匱乏感」？

2. 我們對「不確定」的抗拒，又是如何悄悄影響了我們的判斷與選擇？

3. 許多看似「無法改變」的困境，往往只是從未被質疑的假設；而那些讓人卻步的「不可能」，有時也只是長期內化的自我否定。

4. 務實的思考其實是一種限制。

5. 擁抱不確定性，你才能獲得更多的回報與洞見。

當標準答案成爲主流、快問快答變成日常習慣，「思考」這件事，很容易被擠到生活的邊緣。

在這個資訊過載、節奏加快的時代，這樣的提醒與觀念是相當珍貴的。

尤其對於那些渴望突破、正在學習，或在生活中感到被卡住、卻說不出問題在哪裡的人來說，這本書的提醒能夠幫助你建立良好的思考習慣，並且建立價值觀與信念。

誠如我在所著的《先降噪，再聚焦》中裡提醒的：

「遇到問題與挑戰時，眞正該做的，是先學習，再決策——而如果能再拉高一個維度，那就先，大膽思考吧。」

此外，這本書除了非常好讀，也有許多深具啓發的名人金句。

你可以一次讀完，也可以在你卡關、思緒混亂，或只是想釐清某個模糊的念頭時，再來翻開其中一章。

我相信這本書能幫助你對準當下眞正需要的節點進行思考；對我而言，這也是教育的本質與教育者需要學習的——

不是給出答案，而是陪一個人看懂自己怎麼思考、怎麼選擇，最終，怎麼爲自己的人生負責。

推薦給你。

成大教授／暢銷書《自己的力學》、《先降噪，再聚焦》作者

洪瀞

目錄

推薦序／洪瀞 2
這是我爲你準備的禮物 7
關於大膽思考的經典名言 9
前言 10
你將在《大膽思考》這本書中學到的事物 13

PART 1
奠定「大膽思考」的基礎

何謂大膽思考？ 20
大膽思考所帶來的回報 26
十個妨礙你實現大膽思考的阻礙 33
欣然接受風險：實現大膽思考的必要條件 45
如何調整你的心態？ 50
拋開藉口，釋放潛能 62

PART 2
如何實現大膽思考

步驟一：想像你的可能性 74

目錄

步驟二：將夢想轉化為可執行的目標 85
步驟三：挑戰自己所認知的限制 92
步驟四：擁抱成長型心態 100
步驟五：培養你的自信心 109
步驟六：重述你的敘事身分 119
步驟七：培養「積極行動，目標明確」的習慣 127
步驟八：打造你的後援團隊 137
步驟九：與成功的大膽思考者（Big Thinkers）為伍 147
步驟十：立即從失敗中得到收穫 157

大膽思考的最終反思 167
你喜歡《大膽思考》這本書嗎？ 169

附錄

讓你的生產力飆升！養成十大習慣，把更多事情做完 171

關於作者 226

這是我爲你準備的禮物

我想爲你送上一份禮物，以表達我的感激，感謝你願意花時間閱讀這本書。這份禮物是一份四十頁的行動指南 PDF 檔，名爲《讓你的生產力飆升！養成十大習慣，把更多事情做完》[1]。

這份指南篇幅簡潔，易於瀏覽但內容充實；它提供了可付諸行動的建議，足以爲你的生活帶來實質的改變。

你只需前往以下連結訂閱我的電子報，就能夠立即獲得《讓你的生產力飆升》（繁體中文版於本書附錄 P171）：

https://artofproductivity.com/free-gift/

1. 譯注：Catapult Your Productivity! The Top 10 Habits You Must Develop to Get More Things Done，暫譯。

你可能會想忽略這份禮物，畢竟既然這份禮物是免費提供，那還會有什麼了不起的？但我相信你一定會感到驚喜，因爲其中充滿著你現在就可以運用的技巧與策略，幫助你更快速地完成更多事情。

當然，你也不必只聽我說；不妨現在就加入數萬名讀者的行列，親自體驗這份指南的價值。我有信心，你會發現《讓你的生產力飆升》立刻對你有所助益。

戴蒙・札哈里斯

https://artofproductivity.com/

關於大膽思考的經典名言

「只要你敢想，就做得到。」

——華特・迪士尼（Walt Disney）

「勇於夢想，勇於面對失敗。」

——諾曼・D・沃恩（Norman D. Vaughan），探險家

「你是自己人生的作者。只要你想改寫自己的人生故事、開啓新篇章、加入意想不到的轉折，甚至完全改變故事類型——無論何時，永遠都不嫌晚。」

——提姆・費里斯（Tim Ferriss）

前言

我小時候膽子很小。

和大多數那個年齡的孩子一樣，我也有夢想；我曾幻想過自己的未來，以及自己會成爲怎樣的人。然而，現實總是把我的理想拉回來。我沒有勇氣追逐星辰，而是滿足於、甚至被迫接受那些侷限的想法。我不再幻想那些遙不可及又多采多姿的可能性，只考慮什麼是現實中可能發生的事情。

有些孩子夢想成爲太空人、戰鬥機駕駛或職業運動選手，而我則只想找到一份「務實」的工作；一份可以支付帳單、穩定可靠的工作。果然，在我大學畢業時，我獲得了一份大企業的工作。

回首過去，我深信正是那種保守的想法，讓我早期的人生陷入了平庸。我的目標和成就都很有限，幾乎未曾冒險踏出舒適圈；這類的疑慮，讓我的個人成長和職業發展都停滯不前。

某天，在經歷了一番自我反省和挫折後，我決定改變自己的心態。我下定決心，不再侷限於保守的思考；我選擇瞄準更高的目標，去接受那些遙不可及又多采多姿的可能性，而不是只考慮現實中可能發生的事情。

這個決定，徹底改變了我的人生。

但我要誠實告訴你，這並不容易。就像所有根深蒂固的習慣一樣，保守的思考是一種難以擺脫的陋習。它在心中盤踞得愈久，對人的束縛就愈強；改變的過程往往緩慢且艱辛。

最終，我的心態開始改變。我開始突破自己設下的界限，著手設定更大的目標。令人覺得神奇的是，我也因此完成了超越以往的成就。（至少對我來說，已經算是超越了。）

我也見證過其他人因爲採用類似的心態轉變，而實現了令人讚嘆的成就。有個朋友辭去薪水優渥但毫無成就感的安逸工作，開創了自己的事業，現在每月的收入已經達到六位數；一位熟識的記者從高壓且繁忙的新聞室轉型成多產的小說家，每年出版超過二十五本書。還有曾經足不出戶的前同事，突破了自己的舒適圈，如今已遊歷過無數國家，多到連我都數不清。

你之所以會翻開這本書，就是因爲「擴大思考格局」這個概念引發了你的共鳴；在人生的某個階段，你可能曾經想過：「我可以做得更好，我也能實現更多成就。」

我要向你保證，你絕對辦得到！這不是什麼魔法，儘管結果可能看起來像奇蹟一樣不可思議；這也不是單純只要付出更多努力就能解決，雖然努力的確可能是其中不可或缺的一環。

一切的起點，在於重新審視自己能夠達成什麼。我可以篤定地說，你能實現的遠超過自己目前的想像。即使你現在可能還對此有所懷疑，但你確實可能創造出非凡的成就。

但這有一個前提：你必須轉變心態，建立全新的自我信念系統。你必須相信，自己可以做到那些看似無法想像的事情。這樣的心態轉變或許不容易，但它將帶來豐厚的回報，甚至可能徹底改變你的人生。

讓我們一起踏上這段旅程吧！我會成爲你的嚮導，分享我曾走過的路以及對我有效的方法。我也會提醒你一路上的陷阱與潛在危機，幫助你輕鬆避開——也就是說，從我的錯誤中學習！在我們前進的過程中，我也期待和你一起慶祝每個小小的成就。

我眞的爲你感到興奮，迫不及待想見證你的進步。不過，鼓勵的話就先說到這裡（至少目前這樣就夠了）；讓我們一起捲起袖子，開始行動吧！

戴蒙・札哈里斯

南加州

你將在《大膽思考》這本書中學到的事物

《大膽思考》這本書有兩個目的。

首先，它是一份循序漸進的指導手冊，教你如何從今天開始養成「擴大思考格局（Think bigger）」的習慣，並將這種思考模式延續一生。它會引導你培養全新的視角，來看待周圍的世界。你不再只看到阻礙，而是發現機會；你不再感到自己被限制束縛，而是因爲全新的可能性而感到解放；你不再以憤世嫉俗與消極的態度看待世界，而是用樂觀和熱情的心態欣賞身邊的一切。

這些改變並不是彈指就能實現，也不像按下開關就能點亮客廳的燈那麼簡單。這是一個過程，而你現在正在閱讀的這本書，就是你的操作手冊；它將引導你循序漸進地完成整個過程。

《大膽思考》的第二個目的，是爲了啓發你。在學習如何擴大思考格局的過程中，你會感受到來自內心的抗拒，這很正常；畢竟，你可能已經花了大半輩子，來專注追求務實、合理、可行的選擇。你的大腦已經習慣這種思考模式，對於自己嘗試朝更有抱負的方向發展的努力，自然會產生抗拒，因為它不願意離開自己的舒適圈。

《大膽思考》將幫助你克服這種內心的抗拒。本書的每一章都提供實用的建議，並搭配簡單的自我反思練習，讓理論能夠真正轉化為具體的成果。你不會只是空想著擴大思考格局能如何改善你的未來生活，而是在當下就能體驗到這種轉變。你不需要為了遙遠將來的回報艱難地前行；在你隨著本書章節向前邁進時，就能立刻享受到這趟旅程帶來的成果與收穫。

本書的獨特之處

《大膽思考》與其他自我成長類型書籍的不同之處，在於以下兩個關鍵重點。

首先，我們不會在心理學的細節中打轉。儘管深入了解大腦的複雜性確實很有價值，但也很容易令人在繁瑣的理論中迷失。因此，我們只會簡單介紹一些心理學理論，但主要還是著重在那些實際可行，並能產生具體成效的方法上。若你能愈快看到成果，就愈能受到鼓舞、更有動力，進而感受到被啓發的力量，讓你繼續向前邁進。

其次，本書結構的特別設計，是爲了讓你能夠根據自己的需要，隨時回顧特定的章節；這不是一本只讀一次就束之高閣的書。相反地，你會想複習某些段落，重新熟悉其中講解的概念，也會想反覆進行某些練習，來強化這些練習所輔助的原則。《大膽思考》不只是一本閱讀完、放回書架以後就被遺忘的書，而是一門可以隨性複習的持續性課程。

現在，讓我們快速瀏覽一下你將在《大膽思考》裡學到的內容吧。

第一部分：奠定「大膽思考」的基礎

在學習如何一步步實現大膽思考之前，我們必須先掌握一些基本原則。這些原則將構成接下來內容的框架基礎，就像烹飪一頓豐盛佳餚所需的基本食材一樣，是最終成果不可或缺的部分。

在第一部分中，我們將深入了解什麼是大膽思考，並探討這種思考方式所能帶來的回報。我們也會討論哪些是將試圖阻礙你進步的障礙，以及你在過程中可能預期會面對的風險。此外，在本書的這部分結束之前，我們也會討論如何調整自己的心態，包括如何勇敢克服人性中，容易找藉口的習慣。

第二部分：如何實現大膽思考

我們的實際行動，就從這裡開始。我們將在第一部分所建立的架構上進一步延伸，利用這些核心概念，來推動在現實生活中的應用。這是你的行動指南，我們將從討論宏觀的理念和概念，逐步轉向具體的實踐。

我們會在第二部分介紹一個詳細的十步驟系統，來訓練你養成「大膽思考」的心態。我們會逐一拆解每個步驟，深入講解之後再進入下一個環節；其中的每個步驟，都搭配了鼓勵你在現實生活中應用的對應練習，能夠協助你內化並掌握本書此部分所介紹的技巧。

閱讀本書前的心理準備

我們會很快速就把這本書讀完——許多自我成長類書籍的篇幅往往過於冗長，充斥著與核心內容不相干的故事等無關緊要的鋪陳，卻只是爲了湊字數而已。

然而，本書卻截然不同，它的篇幅很短，精簡又緊湊；我們會用簡潔扼要的方式講解每個觀念與步驟，讓你只花必要的時間就能夠掌握內容。

在繼續進入主題之前，我有個最後的提醒：我衷心建議你務必完成第二部分的練習。在我看來，這些練習是實現真正個人成長的關鍵所在。從某種程度上來說，它們才是其所在章節的核心要素。

你不用急著馬上把所有練習做完，而是可以在第一次閱讀後，依照自己的節奏回到書中進行練習，重點是務必要完成。這些練習設計簡單，而且大部分都能迅速完成。

既然該提醒的都提醒過了，就讓我們正式展開這段旅程吧。

PART 1
奠定「大膽思考」的基礎

在尚未完全掌握其核心原則的情況下，就貿然投入個人成長的任何層面，無疑是一種錯誤的做法。這就像拼拼圖時，還沒先把所有的拼圖片從盒子裡倒出來，就急著開始拼湊一樣；雖然還是可以完成，但會浪費許多不必要的時間與精力。

為了真正掌握大膽思考的技巧，並享受它帶來的豐厚回報，我們必須先探討其基本前提。透過事先深入理解這些概念，我們就能獲得關鍵的見解，為接下來的旅程奠定穩固的基礎。

這第一部分將使我們的旅程逐漸成形，對於我們將在第二部分學習的技巧與策略來說，是不可或缺的前置準備。

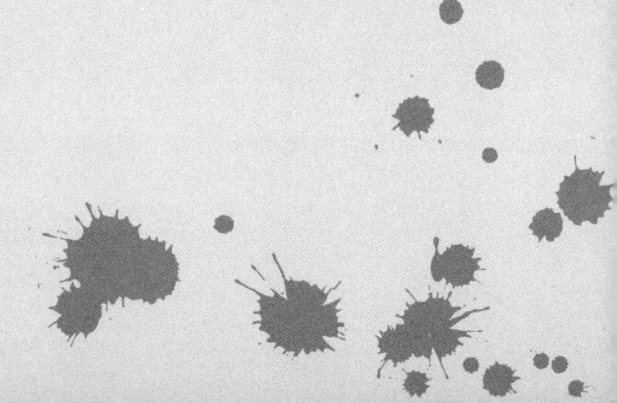

何謂大膽思考？

「生命中總有讓你擴大思考格局、挑戰極限，甚至想像無限可能的空間。」

——東尼・羅賓斯（Tony Robbins）

首先，讓我們從釐清什麼不算是大膽思考開始。

大膽思考、勇於夢想並非僅只是心想事成。許多人相信，只要將注意力與情感集中在生活的各個層面，就能夠實現自己想要的生活。他們深信，藉由將自己渴望的結果視覺化，並讓自己的情感與意圖協調一致，夢想就能夠成真。

然而，這並不是大膽思考的內涵。的確，它的起點是想像自己能夠成就非凡的事（我們稍後會詳細說明），但這只是個開始，只能算是第一步而已。保持正向思考固然重要，但如果沒有目標明確的行動來配合，這一切也不會有任何實際的效果。

大膽思考是從想像可能的未來開始。試想，若你屏除自己所有的限制性信念，你在人生中可能成就什麼？倘若在你的個人生活與職業生涯中，沒有自我設限的束縛的話，你能達到何種層次的成功？

然而，在你夢想了未來的可能性之後，會決定這些成果——也就是你的夢想生活——將成爲現實，還是繼續停留在夢想中的，是你的行動。眞正的努力，從這一刻開始。

抵擋「成為務實的人」的壓力

小時候，我們學到的是，我們可以成爲任何自己想成爲的樣子，也被鼓勵將人生視爲充滿可能性的旅程；大人們不希望我們被自我挫敗的假設所束縛。

然而，隨著我們長大成人，這種自由逐漸消失；我們不僅不再被鼓勵要追求各種可能性，還面臨著來自周遭要求我們「**務實一點**」的壓力，迫使我們降低自己的期望。這種來自身邊人的集體壓力，強烈到讓我們最終不得不選擇妥協，將曾經的夢想束之高閣，把它們藏進心裡一個專門用來保存凋零夢想的小角落。

結果，保守思考成爲我們的常態，然而不幸的是，這種思考模式會養成平庸的生活，也注定讓我們無法從中逃脫。

我們必須抵擋這股壓力。首先，我們需要意識到，旁人往往容易低估我們實現偉大成就的潛力。在成年之後，沒有人會比我們自己更相信自己的可能性。一旦認清這個事實，我們就更容易抵擋那些要我們放棄夢想、變得「務實」的一致意見。

要做到這一點並不容易，我們之中會有些人，必須去對抗積累多年的制約。但值得慶幸的是，我們最終還是可以掌控自己的心態；只要擁有條理分明的計畫，我們就有能力打破這些限制，賦予自己把眼界放得更高、更遠的自由。

設定無所畏懼的大膽目標

詹姆·柯林斯（Jim Collins）在《基業長青》[2]一書中，提出了 BHAG 這個自創的縮寫詞。它字面上代表的意思是無所畏懼的大膽目標（Big，Hairy，Audacious Goal），意即一個極其宏大，以致於看起來不合理或難以實現的目標。柯林斯以阿波羅 11 號登月任務爲例，認爲這正是一個典型的 BHAG；在當時，這個構想幾乎令人無法想像，甚至匪夷所思。然而，設定這樣的目標，卻激發出 NASA 團隊的專注力與合作精神，最終才得以實現計畫。

或許你聽過「登月計畫[3]」（moonshot）這個詞。它常用於科技領域，用來描述那些看似「不太可能實現」的計畫。會被稱爲登月計畫的，都需要堅持不懈的努力才能實現，通常帶點不自量力的意味。

勇於夢想的核心在於，爲自己設定無所畏懼的大膽目標。這類目標通常需要投入大量時間與精力、保持堅定的承諾、持續且目的明確的行動，並配合周詳的計畫。這些目標不會在一夕之間實現，甚至實際上可能需要數年時間才能達成。然而，它們應該具備挑戰性，足以讓你感到振奮，甚至迫使你重新審視並突破自己的自我設限。

那麼，假使你最終無法實現這些無所畏懼的大膽目標，又會怎樣呢？你仍然會從中獲益匪淺。在你追求自己「極限目標」的過程中，很有可能會達成其他同樣傑出的成就。舉例來說，假使你的計畫是在十年內，將自己的小型企業發展爲營業額達八位數的行業霸主；但在期限截止時，達成的成績卻只有每年五百萬美元的營收而已。

這樣的成果依然不容小覷。

---

2. 譯注：Built to Last: Successful Habits of Visionary Companies，暫譯，原作出版於一九九四年。
3. 作者注：這個詞的來源是阿波羅 11 號任務。

改變我們的限制性信念

在我們之中的許多人，心中都懷著讓自己裹足不前的想法，總是對自己說：「我不夠好」、「我缺乏成功所需的條件」，甚至認爲「我不配成功」。這些限制性信念就像心理上的絆腳石，阻礙我們追求夢想中的成功。

我們之所以一路累積並抱持這類信念的原因各式各樣。例如，過往經歷也許早已在我們心中播下了自我懷疑的種子；我們的文化價值觀，也可能與我們認爲什麼才是「合理」的理解互相衝突。害怕他人的評價，可能讓我們不敢設立那些超越普遍認知的目標；又或者，我們只是因爲從未挑戰過自我，而對自己的能力一無所知。

無論這些心理障礙的來源爲何，要想勇於夢想，我們就必須學會質疑並重塑這些信念。這些令人挫折的想法眞的有其道理嗎？即使其中有部分是眞實的，這些事實是否足以支撐整個結論？

例如，你的內在批評可能會告訴自己：「你太老了，沒辦法回學校完成學業。」但事實上，許多人都是在經歷多年職涯後，才回到校園完成學位的。如果他們做得到，那麼你也同樣可以。

改變我們的限制性信念並不是逃避現實，而是審視這些想法是否合理。我們會在步驟三：「挑戰自己所認知的限制」中，深入探討這個話題。

現在，你對大膽思考、勇於夢想所代表的是什麼，已經很清楚了。但問題是，爲什麼你應該這麼做？如果你投入時間與精力，這樣的努力會爲你帶來什麼樣的回報呢？

大膽思考所帶來的回報

「如果你的思想狹隘，你的世界也會狹隘；如果你大膽思考、勇於夢想，你的世界就會寬廣。」

——保羅・科爾賀（Paulo Coelho）

我們所做的每件事情，都有其背後的原因。我們的每一個行動與決策，都源於某種渴望達成的結果。我們每天上班是爲了支付生活開銷，每月進行投資是爲了確保退休後的經濟安全，送車去保養則是爲了讓它能夠長期正常地運作。

那麼，我們爲什麼要訓練自己大膽思考？這種訓練究竟能帶來什麼樣的成果，值得我們投入如此多的時間與精力？

大膽思考為何如此重要的七大理由

正如接下來所列舉的，大膽思考在現實生活中有許多益處。若你能訓練自己持之以恆地以大膽思考，就有望獲得深遠且持久的回報，這些回報甚至能徹底改變你的人生；其中有些可能不是立刻就感覺得到，但隨著時間的推移，它們會逐漸累積，最終得以改善你生活中的每一個層面，包括：

- 你的職業發展
- 你的人際關係
- 你的家庭生活
- 你的社交生活
- 你的財務狀況
- 你的興趣愛好
- 你的身體健康
- 你的心理健康與整體幸福感

以下就是七個訓練自己大膽思考的理由，這份清單或許並不完整，但卻足以說明一件事：你投入在其中的一切將獲得回報，而且這些回報絕對值得。

第一個理由：它能激發你解決問題的創意

日常生活中處處充滿挑戰——無論是在工作中、家庭裡，甚至連購物這類小事也不例外。有時，這些挑戰可能會涉及個人的損失、失敗或挫折，有時則成為達成目標的障礙。

大膽思考能讓你以跳脫框架的方式來解決問題，當你不再受限於傳統思維或普通的解決方式時，探索創新的點子會變得更加容易。

第二個理由：它強迫你踏出自己的舒適圈

大多數人在有選擇的情況下，往往會偏好待在舒適圈中，因爲那能讓人感覺更加自信與安全；熟悉的日常模式彷彿是一座避風港，提供穩定與可預測的環境。

然而，這種舒適的代價不容小覷；它會讓你妨礙自身在個人和專業上的成長、使你錯失克服恐懼和培養新技能的機會，也剝奪了你正面迎接挑戰、培養韌性和適應力的可能。

大膽思考可以讓你正視這些代價。它會提醒你，舒適圈實際上是一座由自我設限構築的牢籠；在面對不確定性時，這座牢籠雖然提供你自己受到保護的錯覺，卻同時也讓你停滯不前。一旦察覺到這一點，你將更願意嘗試新事物並挑戰自我。

第三個理由：它能凸顯你的整體方向

你是否有過迷惘和迷失的感覺？是否曾覺得自己一天的生活漫無目的，沒有明確的目標？

若你未能將眼前的行動與想要達成的目標連結起來，就會陷入這種狀態。例如，把工作視爲例行公事，卻忽略了職涯的發展方向；隨意吃垃圾食物，卻不去考慮對長期健康的影響；參加了家庭聚會，卻沒有用心經營與親人之間的感情。

大膽思考鼓勵你重新去審視，爲什麼要做自己正在做的事？它能夠引導你思考自身的目標、促使你正視它們，並讓你充滿使命感與動力。

第四個理由：它能協助你分辨任務的輕重緩急

待辦事項清單上的每項任務和計畫看起來都很重要，但這往往只是因爲你太過專注於手邊的事罷了；如果處於這種狀態，你就很容易忽視整體狀況，失去權衡輕重的能力，把時間與精力耗費在對目標毫無助益的瑣事上。更糟的是，你可能很容易就會陷入焦頭爛額、甚至心力交瘁的境地。

大膽思考能幫助你從更高的視角出發，讓你以更大的目標與責任，來檢視待完成的任務與計畫。它賦予你自主權，讓你能問自己：「爲什麼我要做自己現在正在做的事？」它鼓勵你去區分哪些事情極其重要、哪些則是無關緊要；同時，它也促使你反思，你是否正以有助於實現目標的方式，來分配自己的時間、精力和注意力資源？

第五個理由：它能促使你訂立計畫

缺乏具體行動計畫的目標，就只是空想而已。即便是再積極正向的思考，也無法幫助你實現目標，除非你爲達成這些目標而制定具體的策略。若沒有通往目的地的路線圖，再多的樂觀和熱忱也無法讓你抵達成功的彼岸。

大膽思考能夠促使你描繪出這張路線圖。它協助你描繪長期藍圖，確立明確的方向，並推動你制定達成目標的行動方案。它也會協助你盤點時間、精力、專注力、財力等資源，並引導你以審慎明智的方式加以運用。大膽思考還鼓勵你將遠大的目標，拆解成多個可執行的小型目標與階段性成果。

積極正向、樂觀和熱忱固然不可或缺，但若想實現遠大的理想，就必須制定一份執行計畫。

第六個理由：它能強化你面對挫折的韌性

班傑明·富蘭克林（Benjamin Franklin）曾說：「人生在世，除了死亡和稅賦之外，沒有什麼事是必然的。」但他忘了提到第三個無法避免的事件：偶而的失敗。我們都會遇上挫折、犯下錯誤，甚至面對失敗。而唯一能完全避免失敗的方法，就是從不嘗試追求任何事物。

既然失敗在所難免，你就不該害怕。相反地，你應該專注於如何回應失敗。你會放任失敗癱瘓你、阻礙你前進嗎？還是你會把失敗看成一種學習的契機，從中汲取經驗來讓自己進步，激勵自己下次有更好的表現？

大膽思考會鞭策你以長遠的眼光看待目標，並認清在任何一條通往實現目標的道路上，勢必充滿阻礙；任何一條通往長期成功的旅途，必然夾雜著失誤與失望。大膽思考並不代表你能避免這些困難，因爲根本不可能完全避開；但它能鼓勵你採取將挫折視爲成長機會的心態，讓你在遭遇困難時，依然能夠成長茁壯。

你甚至可能因此變得比原本更強大、更堅韌。

第七個理由：它能提升你的適應能力

適應能力與面對失敗的韌性密不可分，兩者相輔相成。當你遭遇失敗時，會學到哪些方法行不通，進而學會進行調整，嘗試以其他途徑來達成不同的結果。這種反應源自於一種積極向前的態度；與其陷入絕望之中，你反而會選擇主動應變，正面迎接挑戰。

據傳湯瑪斯·愛迪生（Thomas Edison）在開發普及型實用燈泡的過程中曾說：「我沒有失敗，我只是發現了一萬種行不通的方法。」作爲一名大膽思考的實踐者，愛迪生總能在自己的計畫和努力受挫時迅速調整；最後，他的發明改變了全世界。

大膽思考幫助你更能夠隨機應變，無論你在何時面臨挑戰和挫折，它都得以激發你的創意，激勵你構思創新的解決方案。它促使你具備強大的適應能力，而在現今這個瞬息萬變的時代，適應能力無疑是最重要的生存技能之一。

讓我們暫停一下，稍微喘口氣。你已經有足夠多極具說服力的理由，來看得更長遠、放膽夢想並設立更宏大的目標。儘管理由還有很多，但希望我們提到的這些，已經足以鼓舞你邁出前進的步伐。

然而，要是大膽思考有這麼多好處，爲什麼大家不這麼做？如果想像自己實現非凡的目標，眞的能夠帶來改變人生的結果，又爲何還會有人選擇裹足不前？在下一章中，你將了解背後的原因。

十個妨礙你實現大膽思考的阻礙

「阻礙不一定是無法克服的。如果你碰上，不要轉身放棄。想辦法爬過去、穿過它，或繞道而行。」

——麥可．喬丹 (Michael Jordan)

幻想成功、做做白日夢或許容易，但真正要實現大膽思考卻困難得多。它需要明確的目的、計畫和執行，也需要承諾、投入、韌性和隨機應變的能力；比起不切實際的空想，這條道路艱辛得多。

從你開始改變思考方式的那一刻起，內心就會冒出各種阻礙：它們會試圖拖慢你的腳步、動搖你的決心，甚至讓你開始質疑自己的努力是否值得。它們會助長內心的抗拒，放大那些關於你自身潛力與能力的自我懷疑與限制性信念。

若忽視這些障礙，你將持續受其影響，而它們也會不斷危害你的成長與發展。因此，我們必須正視這些挑戰，並採取積極的策略來應對。

第一個阻礙：害怕可能的結果

有些人害怕改變，有些人害怕失敗，甚至有些人害怕成功。為了實現夢想而採取具體行動，意味著你的努力將導致生活發生顯而易見的變化。甚至，在目標實現之前，你可能達成的結果和隨之而來的影響仍然是模糊不清的。

這種不確定性往往令人不安。

如果失敗了，會不會遭人指指點點？如果成功了，你是否就得面對更高的期望、被迫肩負新的責任？這些改變是否會讓你失去現有的舒適與安逸？

如何克服：你的生活本身就是動態的，即便你沒特別注意，它也在不斷變化。既然如此，何不主動採取行動，掌控這些變化的方向？當你愈積極行動，這種恐懼對你的影響就愈小。

第二個阻礙：習慣找藉口並將其合理化

我們都會找藉口，理由不勝枚舉。有時是出於害怕失敗及其後果，而為自己的不作為辯解；有時是因為遭遇挫折而採取防禦態度，以維護自己的正面形象或影響他人的看法；又有些時候，我們編造藉口的原因，是為了逃避為不理想的結果承擔責任。

找藉口只會對你造成負面的影響而已。它助長拖延、消磨你的決策力和解決問題的能力，並且打擊你的自信心，阻礙你採取果斷行動的意願。而且在找藉口的時候，你也會強化對自己的負面認知和限制性信念，最終讓你無法追求更大的目標，錯失成就非凡的機會。

如何克服：當你發現自己有找藉口的衝動時，停下來問問自己原因。是因爲害怕失敗，還是想逃避責任？你是否希望自己可以迎合他人的期待，例如同儕壓力？培養這種自我反思的習慣，直到它成爲你的本能反應。

第三個阻礙：悲觀主義

在自我成長的旅途中，悲觀心態是一種個人內心的反映。它充滿自我懷疑，讓你質疑自己是否有能力去學習新知識、培養新技能，以及讓自己愈來愈好。這種心態會消磨你對自身實力的信心，因而在採取行動之前猶豫不決。

當悲觀情緒占據心頭時，你會不願意冒任何經過審愼評估的風險。你不再憧憬成功，反而困在對過去錯誤與失敗的執念中；甚至對這些錯誤與失敗過分偏執，最終讓那些挫折成爲你自我認同的一部分。

悲觀會扼殺你努力進步的動力，讓你抗拒改變，因爲你認爲改變只會帶來負面結果而已；於是你常錯失自己生活各領域中的機會，從職涯到人際關係都是如此。

如何克服：每當你的內在批評質疑自己的能力時，請勇敢挑戰它。例如，當內心告訴你「你不夠聰明」時，請回想那些足以駁斥這類批評的成功經歷，像是成功完成一項挑戰、取得學位等。若它聲稱「你永遠無法進步」，請回憶自己過去學到新技能、或讓既有技能更上一層樓的時刻。

面對每次的內在批評，我們都要勇於質疑。

第四個阻礙：厭惡冒險

大多數人會避免承擔不必要的風險；擁有的愈多，就愈害怕失去。有時，過於謹慎會讓人有自己很深思熟慮的錯覺，因此人們選擇待在舒適圈中，因爲這裡讓他們感到安全、不會受到威脅。

問題在於，這樣的選擇會限制你的潛能。舒適圈會慢慢變成一座無形的牢籠，更糟的是，待的時間愈久，想要離開就愈困難。舒適圈外看似潛在的危險始終存在，而你愈不願意踏出那一步，外面的環境看起來就愈危險；最終你會變得害怕冒險，甚至連想都不敢想要追求遠大的目標。

如何克服：首先，請分清楚「進行深思熟慮、策略性的冒險」跟「魯莽行事」之間的差異。

接著，強迫自己從後果無足輕重的風險開始練習。如果你生性內向，就持之以恆地每天早上都和一個陌生人打招呼；如果你從來沒下過廚，試試做一道簡單的料理。

隨著你對這些體驗愈來愈適應，就可以逐漸提高難度，挑戰更大的風險；例如每天早上主動和一個陌生人聊天，或是試做工序愈來愈複雜的菜餚。隨著經驗的累積，你對風險的抗拒就會逐漸減弱。

第五個阻礙：害怕別人怎麼看

在意別人對自己的看法是很正常的，你會希望大家喜歡你、尊重你，不想被批評、挑剔或瞧不起。身爲群居動物，我們會因爲正面評價感到被肯定，也會因負面評價而覺得尷尬或羞愧。因此，我們經常努力迎合別人的期望，希望給其他人好印象。

然而，這種努力反而會侷限你在個人和專業上的成長。你會因爲太想避免他人的評判，而不敢冒險嘗試。你的自我價值開始依賴外界的認同，無論是外顯還是隱晦的認同，都會讓你患得患失。當你的自信受到別人的看法左右時，想要實踐大膽思考就會變得困難。

如何克服：想像一下，如果有人對你失望，而你因此感到難過的話，不妨問問自己，你爲什麼會有這種感受？你會有這麼負面的感覺，是因爲你所做的選擇違背了自己的價值觀嗎？還是單純因爲過於在意對方的認可？

每當你因爲別人對自己決定或行爲的看法感到焦慮時，請試著思考這樣的焦慮是否眞的合理。

第六個阻礙：不當的時間管理

當時間管理不當時，你的注意力往往會被眼前的緊急事項牽著走。每件任務和專案都顯得迫在眉睫，而你似乎永遠沒有足夠的時間，來完成所有必須或想要完成的事。你發現自己總是匆忙地不停處理接踵而來的緊急事務，覺得自己就像在和時間賽跑、過度承諾，也缺乏必要的資源。

這種窘境會嚴重限制你從全局角度來思考的能力，因此幾乎無法進行長期規畫，因爲你的注意力資源完全被當下的需求占據。眼前的壓力讓你無法集中、分不清任務的輕重緩急，甚至連執行的功能（例如設定目標的能力）都會受到影響；結果，你能用來實踐大膽思考的資源所剩無幾。今天的緊急事項，最終掏空了你未來的潛力。

如何克服：首先，請在個人領域和工作領域都設定好界限。勇敢對那些要求占用你時間的人說「不」，因爲只有你最清楚自己的時間限制。

其次，為待辦清單中的每件事項排定優先順序，把時間和精力投入那些真正重要，而非僅僅「緊急」的任務上。

最後，利用時間區塊化來避免分心，只專注於關鍵任務。

第七個阻礙：完美主義

許多人以完美主義為榮，認為對自己要求嚴苛並堅持近乎不可能的標準，是一種值得驕傲的特質。然而，這份自豪往往是建立在錯誤的基礎上。完美主義反而會設下重重障礙，阻礙你實現更遠大的目標。

它讓你害怕犯錯，強化對冒險的抗拒心理，導致你停滯不前；寧可逃避挑戰，也不願冒著失敗的風險採取行動。而正是因為如此，你永遠無法鍛鍊克服挫折的韌性，也難以培養決定執行並完成大規模計畫，所需的毅力與堅持力。

如何克服：如果你深受完美主義的影響，第一步就是先認清這是個需要解決的問題。唯有意識到問題的存在，你才有可能克服它。

接著，允許自己犯錯，也接受錯誤並不等於失敗。錯誤是寶貴的學習契機，能推動你在個人與專業領域的成長。

適應這種剛獲得的自由可能需要一些時間，但這是一項值得的投資；隨著你逐漸擺脫完美主義的束縛，你會驚喜地發現那份解放感有多麼讓人重獲新生的感覺。

第八個阻礙：容易分心

在現代社會，我們比以往任何時候都更容易分心並失去專注力。各類網站與應用程式的設計，就是爲了刺激大腦不斷釋放多巴胺。同時，你的行事曆也往往被各種責任、義務和承諾密密麻麻地塞滿；在這樣的環境中，你的注意力很容易飄走、變得三心二意，也就不足爲奇了。

即便短暫的分心在當下似乎無傷大雅，但你愈是放任自己被打擾，就愈容易受影響而分心。你在不知不覺中訓練自己接受這些干擾，不經意地逐漸養成分心的習慣，最終甚至完全無法忽視這些外在的打擾。

分心會阻礙你全心投入自己的長期目標與抱負；那些無關緊要的任務、瑣碎的問題和無意義的干擾源，反而占據著你的注意力。如此一來，你的壓力不僅會愈來愈大、生產力和動力隨之跌落谷底，而且你的自律、創造力、解決問題和決策的能力，也將消失得無影無蹤。你會愈來愈不願意採取有意義的行動，雄心壯志也逐漸淪爲永遠無法實現的夢想。

如何克服：請在每天一開始就先列出一份緊湊、重點清楚的待辦事項清單，最好不超過十項，其中包括三件最需要優先處理的任務。（你可以另外準備一份包含所有想法的總待辦清單，但每日的清單一定要保持簡單明確。）

一旦你清楚當天有哪些事情要完成，就把一天分成幾個時間段，並在日曆上預留這些特定的時間區塊，專門用來完成待辦清單上的特定任務。

光是這兩個步驟就能有效幫助你減少分心，讓自己保持專注和積極投入。久而久之，你也能逐漸養成專注的習慣，擺脫分心的困擾。

第九個阻礙：優先事項的矛盾與失衡

我們都在各種互相矛盾的需求之間掙扎。例如，我們想爲退休存錢，但偶而也想滿足自己買下小廢物的欲望；我們想投入時間在自己的興趣上，但也渴望和他人建立更緊密的關係；我們希望職涯更進一步，但也想騰出時間與精力來照顧自己的身心健康。

問題其實並不在於把時間、注意力和精力分配到看似互相衝突的優先事項上；事實上，追求不同的目標往往能讓生活更加豐富圓滿。眞正的問題在於無法在這些目標之間找到平衡；如果失衡持續下去，最終會讓你感到挫折、沮喪，甚至無助。你專注的範圍會變得愈來愈狹窄，因此總覺得自己錯失了生活中其他重要的部分。一旦任由這些感覺滋長、發酵，你實現遠大目標的決心也會逐漸被侵蝕。

如何克服：首先，請釐清自己關心的領域與優先事項，找出需要平衡的地方。

第二步，確認自己所面臨的限制，包括時間、專注力和金錢等資源。

第三步，在考量優先事項與限制後，擬定一份計畫，在前述事項之間合理分配你的資源。

最後，每週末檢視自己的成果，每當你發現失衡的時候，請及時進行調整。

第十個阻礙：匱乏心態

擔心自己擁有的是否「足夠」是再正常不過的事，無論是足夠的食物、足夠的金錢，還是足夠的生存資源。這種擔憂能鼓勵我們更謹慎地使用有限的資源，促使我們節約而不是浪費。

然而，匱乏心態會將這種意識放大到不健康的程度，讓你不斷擔心所擁有的到底夠不夠。更糟的是，這種焦慮會滲透到生活的各個層面。你會擔心人際關係，在意自己是否獲得足夠的關心與愛；你還可能擔心職場，懷疑自己是否獲得足夠的機會與主管的讚賞；甚至在物質生活上，你也會想著自己有沒有充裕的衣物、電子產品或其他物品。

當你對「是否足夠」這件事感到強烈的擔憂時，就容易害怕失去現有的一切。即使某些明明經過審慎評估後，是回報遠大於潛在損失的低風險選擇，也會讓你猶豫不決。你會變得抗拒風險，寧願待在舒適圈中打安全牌，也不願努力試圖實現更遠大的目標。

如何克服：首先，花些時間盤點自己擁有的一切。即使你一開始感覺不到，但其實你擁有的很可能已經超出所需了。例如，打開衣櫥看看，是否有一段時間都沒穿到的衣服？再檢查一下你的食品櫃，有沒有看到你已經好幾個月沒用過的食材？

接下來，在心裡默默爲所擁有的一切感到感激，並把這個感恩的練習變成每天早晨的習慣。最後，請整理出那些你不需要的物品；斷捨離是對抗匱乏心態的最佳解方。

這一段雖然篇幅較長，但非常重要，因爲它能幫助你做好心理準備，迎接接下來的旅程。在擴大思考格局並將眼界定得更寬廣時，心態往往才是最大的阻礙。提早意識到自己內心可能設下的障礙與阻力，能幫助你更有效地應對。

我們之前提到了幾次風險，但只是稍微帶過；現在是更深入探討的時候了。在允許自己追逐夢想的過程中，承受經過適度衡量的風險非常重要。

欣然接受風險：實現大膽思考的必要條件

「只有不怕失敗得徹底的人，才能成就大事。」

——約翰・甘迺迪(Jone F. Kennedy)

每一個你為自己設定的目標，都伴隨著風險。有時候，風險可能來自於投入大量時間、金錢和其他資源；有時危及的可能是你的名聲，甚至可能為此犧牲人際關係，讓你和家人、朋友及同事之間的互動變得緊張。你還可能面臨失望、倦怠甚至身體受傷的風險，這些都取決於你追求的目標是什麼。

另外，你也需要考量機會成本。當你在設定並追求遠大的目標時，有哪些機會會因此錯過？為了實現更宏大的抱負，你可能必須放棄哪些前景與可能性？

這些問題非常重要，因為成功從來都不是理所當然；你付出的任何努力都有失敗的可能，但這當然不代表你應該因此害怕冒險。畢竟，只有當你願意為自己冒險時，才能在個人和職涯上真正成長。既然如此，認清並接受失敗的可能性始終存在，並且以謹慎態度去承擔風險，才是最重要的關鍵。

為什麼你應該欣然接受風險？

當你願意冒險時，就更容易嘗試新事物。這很重要，因爲設定更遠大的目標和開拓視野，往往需要跨出自己的舒適圈。有時這代表你要學習新的技能，有時是讓自己逐漸適應不確定性；更有時，這表示你可能會冒險失去一些自己珍視的事物，換取你認爲更有價值的結果。

例如，上大學需要一定程度的專注和自律，但攻讀博士學位則需要更高層次的能力，迫使你進一步訓練自己，培養相關技能。

邀請某人約會需要一點勇氣，但向對方求婚、希望與他共度餘生，則需要面對大得多的不確定性。

你的工作應該能讓你固定存點錢，爲未來做準備（希望如此）。但如果想創業，你可能得冒險動用這些存款，把它們用作創業資金，去追求成爲成功企業家的夢想。

隨著你對冒險愈來愈感到自在，就能給自己更多彈性去完成那些令人驚艷、甚至是不可思議的成就。在這個過程中，你的自信心和面對挫折的韌性都會逐漸增強，對未知的恐懼也會減少。同時，隨著環境變動，你也會變得更具創意和適應能力——這些都是擁抱風險所帶來的豐厚回報。

但這並不表示你應該做出不負責任或魯莽的決定——這樣和賭博沒什麼兩樣。相反地，你應該以謹慎且有策略的方式，並結合事前的深思熟慮、評估和計畫，來欣然接受風險。

經過審慎評估的風險 vs 不顧後果的風險

有許多因素能夠協助我們區分經過審慎評估的風險與不顧後果的風險，但其中有兩點最爲關鍵。首先，是對決策潛在後果的充分了解。要想審慎地承擔風險，你需要仔細調查，衡量可能的利與弊。問問自己：「如果我下了這個決定並據此行動，可能會發生什麼事？這些可能性會對我造成什麼影響？」接著，再根據期望的成果和自己能接受的風險程度，來評估冒這個險是否值得。

第二個要素，是計畫的周全程度。你會去做功課、收集資訊、尋找有類似經驗的人並向他們學習；你甚至還會提前設想應變方案，以便在遇到突發狀況時，可以妥善應對。你的事前準備，能幫助你減輕不利結果所造成的衝擊。

與此形成對比的，是那些不顧後果、魯莽行事的人。他們做決定時幾乎不考慮潛在的負面影響，例如酒後駕車；即使稍微意識到潛在的風險，也往往選擇輕忽或置之不理。

此外，不顧後果的人在做決定時幾乎不會制定計畫。他們幾乎不做功課、不收集相關資訊，也不會設想備案來降低風險。相反地，他們選擇將謹慎拋諸腦後，衝動行事。

你在實踐大膽思考並追求抱負的過程中，需要以審慎的態度面對風險。請仔細且謹慎地評估每個決定可能帶來的回報與風險，並做好充分的計畫與準備。

採取這些步驟並不能讓你完全避免失敗，也無法保證你可以避免犯錯；但它們能夠在你失敗或犯錯的時候，幫助你迅速重整旗鼓，並從中學到寶貴的經驗與洞見。

錯誤、失敗與獲得洞見

害怕犯錯是人之常情，每個人都會擔心失敗。然而，這種焦慮只會阻礙前進，毫無助益。事實上，錯誤與失敗往往能帶來寶貴的洞見、提供不同的視角、讓你保持謙遜，也提醒你不該把任何事情視為理所當然。

關鍵是你在追求夢想的過程中，應該如何重新定義你對錯誤與失敗的看法；與其聽從自己的內在批評、將錯誤與失敗視為無能的證明，不如將它們看作學習、成長與進步的契機。不要讓它們擊垮意志或消磨自信，而是將它們當作下一步改進的動力來源。

當你以專注在成長的視角看待錯誤與失敗時，它們就不再是絆腳石，而是成爲可付諸行動的洞見來源。它們告訴你哪些方法行不通、提示你需要提升的技能，並幫助你打破固有的偏見。透過這樣的方式，錯誤和失敗不僅能夠成爲你反思的出發點，也能推動你採取更具明確方向的行動。

訓練自己欣然接受風險需要調整自己的心態，這說來簡單，做起來卻不容易。你可能得打破多年來形成的既有觀念，重新詮釋自己對風險和機會的看法。你也需要放下對未知的恐懼，並相信自己擁有適應多變局面的內在能力。

我們會在下一章深入探討這個主題。

如何調整你的心態？

「你的想法決定你會成為什麼樣的人。所以，只管勇於夢想、勇敢相信、大膽行動、全力以赴、慷慨付出、寬以待人、笑得開懷、真心去愛，活得精彩就對了。」

——安德魯・卡內基（Andrew Carnegie）

在追求大膽思考的過程中，你的心態扮演著關鍵的角色。它是那把幫助你擺脫自我侷限牢籠的鑰匙，也是摧毀你爲自身設下各種關卡和阻礙的武器；它更是一道防護罩，讓你能夠平息自己的內心批評、不再害怕反對的聲音，勇敢地採取行動。

多數人都養成了一種被自我懷疑和恐懼未知所束縛的心態。有時這源自於過去的錯誤、失敗與挫折；有時是因爲缺乏支持性的人際網絡，身邊沒有人爲他們提供鼓勵、啓發或激勵；還有時候，則是因爲周遭的人總是勸他們安於現狀，使得自我懷疑和無力感不斷加深。

當你重新調整對自我及自身能力的看法時，你會讓自己設立並追求更遠大、更具意義的目標。你會賦予自己自由，去想像那些曾經覺得無法企及或不可能實現的事。你也會更加願意走出舒適圈，勇於承擔經過審慎評估的風險，而非一味地選擇安逸。更重要的是，你不再感到必須迎合他人的期待。

心態決定行動，而思考模式則會影響你的決策。因此，投入時間和精力，來培養並強化一種建立在自信與內在信念之上的心態，是非常值得的。這樣的心態不會輕易被外界意見動搖，能夠承受挫折，並將挫敗轉化爲繼續前進的動力。我們的第一步，就是辨識出那些最常見的「心態破壞者」。

八種阻礙你的思考模式

如果不加以留意，某些有害的心理習慣會迅速形成。它們會在不知不覺間悄悄紮根，逐漸對你產生影響。當你終於察覺時，這些思考模式往往已經根深蒂固，難以對抗。

以下列出幾種你尤其需要警惕的思考模式，並提供有效的克服建議與方法[4]。

4. 作者注：我在這裡以「你」來稱呼，是希望以包容的方式探討這些許多人共同面臨的心理習慣。我的用意不是責備，而是希望讓這些不利的思考模式更容易引起讀者的共鳴，進而激發改變的動力。

1. 非黑即白的思考

在你眼裡，每種情況、決定和行動都只有兩種極端的類型，要不成功、要不失敗，完全沒有中間地帶。

這種態度不但讓你猶豫不前，也會讓你不願意相信自己成就大事的可能性。

如何克服：當你察覺自己只用「好」或「壞」的二元標準，來判斷某個想法、作爲或行動、甚至是不去行動時，先停下來，並且立刻質疑這種思考的過程。問問自己，事情眞的只有這兩種可能嗎？

舉個例子，如果你在學校考試表現得不理想，可能會覺得自己是個差勁的學生；如果你在工作上犯了錯，可能會認爲自己無法勝任；如果你在節食期間破了戒，或許會覺得自己很失敗。

這些結論其實從來都沒有根據；每當你發現自己有這種非黑即白的想法時，記得要提出質疑，不要讓它們在毫無異議的情況下輕鬆過關。你愈常檢視它們，它們下次出現時的可信度就會愈低。

2. 情緒化的理解

你透過自己情緒的濾鏡來感知現實；如果你「感覺」某

件事情是眞的，即便沒有任何證據，你也會將其視爲事實。

這種錯覺往往是自我懷疑、不安全感和失敗主義[5]的根源。

如何克服：試著察覺自己的想法、決定或行爲是否受到情緒驅使。你是否感到憤怒、恐懼、嫉妒、內疚或悲傷？如果答案是肯定的，問問自己，這些情緒是否正影響你以特定的方式行動或思考？

例如，假設你感到害怕，認爲自己正處於危險之中，因此覺得自己必須立刻有所反應。那麼請問問自己，你的反應是基於事實，還是受到恐懼的驅使？

又或者，假設你對某個不喜歡的同事感到生氣，正打算因爲對方似乎輕視你的行爲大聲斥責。問問自己，你的憤怒是因爲確實被冒犯，還是你對他們的既定負面印象在作祟？

隨著這個習慣的養成，你將變得對自己的情緒更加敏銳，也會更善於觀察自己，判斷自己的行動或想法是否出自情緒。隨著這個習慣愈來愈固定，你就愈具備從情緒中抽離、以客觀態度應對各種情況的能力。

---

5. 譯注：失敗主義（defeatism）一詞源自一戰時期的法國，是一種認定未來注定失敗而放棄一切改變現狀行動的思想。

3. 災難化思考

你將不理想情況的後果無限放大，小小的挫折在你腦海中成了重大危機，一點點的阻礙也彷彿無法克服。

這種心態不僅會加劇你對失敗的恐懼，還會嚴重破壞你做出冷靜、理性的決策能力。

如何克服：質疑每一個凡事都往壞處發展的想法。問問自己，有什麼確鑿的證據證明你的擔憂會成眞？你有什麼依據可以證明這場災難一定會發生？如果找不到這樣的證據，就請將這個想法歸類爲毫無根據的假設，意識到你所想像的是最糟糕的結果，而這種情況很可能不會發生。

例如，假設你需要動用積蓄，來修理因一場猛烈風暴而受損的房屋，於是你開始恐慌，認爲自己再也存不到足夠的退休金。這時請冷靜思考，這樣的焦慮是基於事實與客觀分析，還是你自己對現況的誇大？

你愈是頻繁挑戰自己這種災難化思考的習慣並尋求證據，就愈能察覺這種傾向；當你愈能察覺這種傾向，就愈不容易掉入它的陷阱。

4.「應該」的想法

你會爲自己的行動、決定和行爲訂定一些主觀的規則，並且對自己、環境以及身邊的人抱持不合理且僵化的期待。

這樣的思考習慣，會讓你無法靈活思考現實生活的可能性，因為你過於執著於應該如何發展的幻想。要是現實與預期不符，你就會感到憤怒、自責、挫敗，甚至意志消沉。

如何克服：首先，當你察覺到內心浮現、投射出「應該」的想法時，試著重新調整說法來表達自己的期望。舉例來說，如果你心裡想的是「我應該多運動」，不妨將它改為：「我希望自己能多運動。」或者你認為「我應該像湯姆一樣成功」，請把它改為：「我希望自己能像湯姆一樣成功。」

其次，學會肯定自己的成就，即使是那些看似微不足道的事情。多認同符合自己價值觀和信念的行動和決策，這樣能幫助你打破「應該」的思考流程，將焦點轉移到自己已經達成的成果上，幫助你建立更多自信與動力，並且認同自己的努力是值得的。

5.「都是我的錯」的想法

你會認為所有負面結果都是自己的責任，即便這些事情根本不在你的掌控範圍內。你會為各種同時出現的複雜問題自責；對於導致問題發生的環境，你也高估了自己的影響力。

這種傾向會阻礙你大膽思考的能力，因為它會打擊你的自尊，讓你覺得自己無能、無論做什麼都是徒勞，進而動搖你嘗試冒險與突破的意願。

如何克服：在面對某個負面結果時，請仔細檢視每一個你認為自己責無旁貸的想法，尋找證明自己確實難辭其咎的鐵證。毫無根據的自我責備，往往是源於對自己可控範圍的錯誤認知。因此在面對你的內在批評時，請要求「證據」。

養成這個思考習慣：把情況區分成「你可以控制的」和「你無法控制的」，這能幫助你釐清自己是否該對某事件負責，以及該負責到什麼程度。

例如，假設你覺得「這段關係的惡化完全是我的錯」，這樣的假設往往不正確。因為某些因素可能在你的控制範圍內，但也有許多是你無法左右的。只要能辨別這兩者之間的差異，就能幫助你擺脫不必要的自我責備。

6. 為自己貼負面標籤

你在犯錯時，會對自己說「我真沒用」。當你嘗試某件事卻未達預期時，就直接認定自己是個失敗者。即便生活中還有進步的空間，你往往也只執著於注意自己的不足，並圍繞著這些缺點來建立自己的自我認同，甚至用「無能」、「失敗者」等負面標籤來定義自己。

這種思考模式會讓你形成消極的自我形象，進而限制你的行動與決策。你開始害怕遭到批評，不管是來自他人還是自己內心的聲音。你會開始懷疑自己，選擇留在舒適圈裡，而非積極迎接挑戰。

如何克服：請重新檢視你的期望。爲自己貼上負面標籤，通常源自完美主義的影響。我們在自己身上強行設定高得難以置信的標準，卻在無法達到時開始自責或貶低自己。

觀察自己通常在什麼情況中容易爲自己貼上負面標籤。如果貼標籤已經成爲一種習慣，那麼你可能在不自覺的狀態下就會產生這樣的想法，代表它們無法被察覺。要改變這種認知模式，你需要在它出現時就立即意識到，並對其提出質疑。

舉例來說，在工作中犯錯時，若你直覺地認爲自己是個失敗者，請記得去質疑這樣的自我評斷合理嗎？只是一個錯誤，就眞的會讓你變成一個失敗者嗎？還是只要是人都難免會犯錯呢？你愈是去質疑這些你貼在自己身上的負面標籤，它們的可信度就會逐漸減弱。

7. 貶低正面成果的重要性

你在達成某個目標後，會覺得自己的貢獻沒什麼了不起。當別人稱讚你，你總是輕描淡寫地帶過；有人祝賀你時，你也只是敷衍應對而已。

這種心態會不斷動搖你的自信心和主導的感覺，使你在不經意間讓自己的心智習慣於漠視自己的潛能。久而久之，實現遠大目標的可能性，對你來說似乎會變得愈來愈遙不可及。

如何克服：若要改變這種負面的思考模式，不妨在每次達成目標後，立即記錄下來。具體描述你的成果，以及你爲了實現目標所付出的一切努力和行動；再小的成就都值得記錄。

這不會花你太多時間，只要隨身帶一本筆記本，書寫就很方便；或者如果你整天都待在電腦前面，更偏好以數位化的方式記錄一切的話，想用電腦記錄也沒問題。

這份筆記有兩個重要作用。首先，它能幫你察覺自己是否有貶低自身行爲和決策的傾向。起初，承認並肯定自己所記錄下的成就可能會讓你感到有些不自在，甚至覺得那些好像是別人完成的一樣。但這種本能反應正好揭示了你習以爲常的思考習慣，它可能一直影響著你的行爲，卻沒有被你意識到。

其次，它能夠幫助你對抗貶低正面成果的本能反應。每當你翻閱這份筆記時，它都會提醒你，那些成果是你努力爭取來的；是你推動了結果的進展，是你打造了成功。無論你過去的成就有多渺小，這些記錄都能幫助你打破「我的貢獻微不足道」的錯誤認知。

8. 扮演受害者的角色

你將不利的情境，歸咎於自己聲稱無法掌控的外部因素。你認爲挫折會發生，都是因爲生活對你不公平，或者是別人虧待你；失敗總是如影隨形，是因爲你覺得自己缺乏成功所需的資源。

這種思考方式讓你逃避去承擔自己在困境中的責任，就彷彿替自己築起了一道「保護牆」一樣，讓你覺得自己不需要負責。

如何克服：首先，請認清這是一種扭曲的敘事模式，試著留意自己何時會產生這樣的偏頗想法，再去質疑這些錯誤敘事的眞實性。問問自己：我的行爲和決定，是否在某種程度上促成了這樣的結果？

請用溫柔包容的心態面對這樣的反思，因爲你這麼做的目的並不在於指責自己的過失，而是要幫助自己建立主導的意識與自我賦權的能力，並進一步找到成長與改善的方向。

舉例來說，假設你想要升職，結果卻沒被選上，你可能下意識地產生以下想法：

- 「老闆和同事都討厭我。」
- 「我的技能和才能在這裡得不到賞識。」
- 「這家公司根本沒有發展的機會。」
- 「想升職就只能拍馬屁。」
- 「都是同事在扯我後腿。」

首先，靜下心來逐一審視這些想法，問問自己這些陳述是否屬實？事實上，在大多數情況下，這些陳述並不能準確反映你的處境，至少不是完全如此；更不代表它必須爲你的現狀負全部責任。

例如，也許有一兩個同事不喜歡你，但單單這件事，並不足以左右你的升遷結果。往上爬可能不容易，但就算不靠拍馬屁諂媚，通常也能實現。

接下來，請檢視自己的狀態，問問自己：你的行爲和決策是否也扮演了某種角色？你是不是常常拖延專案？在重要會議中，你是否勇於發表意見，還是選擇保持沉默？在面對建設性批評的時候，你是不是有很強的防衛心？你是在不斷地挑戰自我，還是勉強達成最低標準而已？

再一次強調，重點不在於責怪自己，而是透過反思來強化自己的主導意識。當你意識到自己的選擇和行動具有影響力，便能體認到自己擁有形塑未來的能力。

這樣的心態轉變能幫助你擺脫受害者心態。每當你試圖將不利的處境歸咎於外部因素時，請一再用這種方式自我提醒，漸漸地你就能建立新的思考模式，真正相信自己有能力掌控人生的道路。

當這些讓人癱瘓的思考模式占據你的腦海時，你會很難想像自己能有什麼了不起的成就；不過值得慶幸的是，你可以戰勝它們。只要開始實踐上述建議，就能夠重新形塑自己的思考習慣。

這並不容易。我們很多人花了數年、甚至數十年的時間，讓這些「心理破壞者」在不知不覺中愈來愈壯大。要扭轉這些習慣極具挑戰性，需要投入時間、精力，還有滿滿的耐心和自我包容。然而，現在就是開始這段旅程的最佳時機，努力的回報可能會徹底改變你的人生。

拋開藉口，釋放潛能

「我們的能力往往大於意志力，而認為某些事情不可能，常常只是自欺的藉口。」

——弗朗索瓦·德·拉羅什福柯
(François de La Rochefoucauld)

每個人都會找藉口。我們為自己的失敗辯解、合理化自己的不作為，也為自己的猶豫不決找到開脫的理由。我們告訴自己種種原因，說明為什麼永遠無法實現抱負，即便心裡其實很清楚，這些理由只不過是拖延的藉口罷了。

這樣的傾向容易被忽視，甚至讓人覺得無傷大雅；當我們發現每個人都會找藉口時，往往因此感到安心，但這種「安慰」也讓我們更不願意正視問題。對許多人來說，找藉口已經成為一種習慣、一種直覺，成為面對任何實現宏大目標的想法、甚至只是一點可能性時，第一時間浮現的下意識反應。

問題在於，找藉口會為其他壞習慣製造溫床。接著我們開始拖延、逃避責任，將個人的挫折和失望歸咎於外部因素；同時也開始懷疑自己、質疑自己的能力與潛力，進而更不願意踏出舒適圈。久而久之，我們不再設定遠大的目標，也不再認可自己的潛能、不再追求夢想，最後在生活的每個層面都選擇妥協，得過且過。

現在，是時候終結這種只會帶來負面影響的習慣了。接下來，我們將檢視我們在不同情境中，最常告訴自己的藉口。

我們常對自己說的藉口

我們在找藉口的時候，往往沒意識到自己正在這樣做。這樣的忽視讓找藉口成為一種不知不覺間養成的習慣，並無聲無息地在我們的生活中擴散。透過檢視各種情境中常見的藉口，我們會驚訝地發現，這種傾向有多麼容易成為我們日常生活的一部分。

你可能在人生中的某個時刻、甚至就在今天，已經對自己說過這些藉口了。沒關係，這沒什麼好批判的。我們的目的是要認清，這些藉口會如何消磨我們的主導意識和追求大膽思考的動力。

飲食與運動：

- 「我沒有時間運動。」

- 「我沒空在家自己煮飯。」
- 「我試過減重，但沒什麼效果。」
- 「健康食物太貴了。」

職涯與事業：

- 「我沒有正確的人脈來幫助我出人頭地。」
- 「我沒有升遷所需的技能。」
- 「我太忙了，沒時間在自己的領域進修或參加研討會。」
- 「我老闆看我不順眼。」

自我成長：

- 「我年紀太大，沒辦法改變生活了。」
- 「我不知道該做什麼，也不知道怎麼做。」
- 「我試過改變自己，但撐不了多久。」
- 「我就是沒有意志力。」

人際關係：

- 「我沒有時間認識新朋友。」
- 「我不知道怎麼開啓對話。」

- 「我有過不好的經驗，不想再受傷害。」
- 「我太內向了。」

學術追求：

- 「我不夠聰明，拿不到學位。」
- 「我要工作，沒剩什麼時間念書。」
- 「我從來就不擅長讀書。」
- 「我太老了，沒辦法念大學。」

愛好與興趣（例如：烹飪、學吉他、寫書等）：

- 「我沒有資源可以投入。」
- 「沒有人可以教我。」
- 「我沒有足夠的天分。」
- 「我有太多其他正事要做了。」

再次重申，如果你過去曾說過這些藉口，請別太苛責自己，給自己一點寬容。重要的是你能意識到，找藉口的習慣會如何逐漸磨耗你追逐夢想的熱情和決心，而現在正是終結這個循環的時候。

我們為什麼會找藉口

要改掉找藉口的習慣，首先得認清自己爲什麼會這麼做。這個習慣是怎麼養成的？有哪些因素促使它發展？又有哪些原因讓它變本加厲？一旦我們理清這些問題，就能正面應對。以下是我們常找藉口的幾個主要理由：

拖延——我們用藉口來延遲行動，卻不至於覺得自己在放棄。我們的確有「想行動」的意圖，但這個打算永遠都是未來的事。

害怕失敗——這和拖延息息相關：如果我們從不採取行動，就永遠不必面對失敗。然而時間一久，我們就會意識到，「一直什麼都不做」其實本身也是一種讓人心灰意冷的失敗。

過去的挫折——我們將「採取行動」與不如意的結果聯想在一起，因而對自己失去信心，甚至開始覺得成功遙不可及。爲了避免再次面對失敗，我們選擇什麼都不做，繼續拖延下去。

內在批評——這個負面的內在聲音總是試圖說服我們自己不夠優秀、不夠有才華，或不夠聰明，無法成功。只要聽久了，這些負面想法似乎就會變得愈來愈眞實，甚至讓我們開始相信。

完美主義——我們會爲自己的不作爲找藉口，聲稱要等待完美的時機，或等到自己準備好再行動。這種拖延習慣的主要原因，就是我們對自己設定了高到不可能達成的標準。

迴避挑戰——我們享受待在舒適圈中的安全感，但一旦走出去，就得面對不確定的挑戰，這也意味著安全感將被破壞。

目標不明確——我們不知道自己眞正想要什麼，也不清楚如何達成目標，因此自己才拖延著不去行動；這樣的模糊感，合理化了我們不向前邁進的理由——至少我們在自己心中是這麼想的。

現在，既然我們已經了解了自己找藉口的主要原因，就可以開始準備克服這個習慣了。

貼心提醒：這件事並不輕鬆，也不可能在一夜之間完成。但只要我們從現在開始，就得以一步步削弱這種自我挫敗的模式。隨著時間，我們將能逐漸克服，並在此過程中賦予自己自由，去採取大膽、樂觀和自信的行動。

如何停止找藉口

接下來，我將快速分享幾個實際可行的方法，幫助你打破找藉口的習慣。這需要逐步拆解多年累積的行爲模式，而且我們的心智往往會本能地抗拒改變。因此，請務必對自己保持耐心與包容。要擺脫這種根深蒂固的模式，並以更健康的方式取而代之，確實需要時間。

最重要的一點是，認清找藉口其實是一種選擇。你選擇什麼都不做，而不是採取行動[6]。你選擇拖延，而不是前進。你選擇合理化與找藉口，而不是承擔責任、對自己負責。

這或許聽起來刺耳，但其實是一種解脫！當你意識到自己才是人生的掌舵者時，也就等於承認自己有能力做出不同的選擇。你可以選擇克服自己找藉口的傾向，擺脫過去的習慣，並以自我賦權的模式取代自我破壞的模式。

要擺脫找藉口的習慣，以下是你可以立即開始做的七件事。

1. 當你覺得自己想拖延的時候，先採取一些小行動，而不是去擔心比較龐大的艱鉅任務。如果你想運動，那麼先穿

---

6. 作者注：我在這裡直接用「你」的來稱呼的原因和上一章相同，用來指代一般讀者。

上跑鞋就好；如果你想寫書，那就先寫一兩句話。重點是有進展，而不是立即完成整個目標。

2. 在你害怕失敗時，請把風險重新詮釋爲學習與成長的機會。例如，假設你是自由工作者，推出的服務卻引不起人們的興趣，那麼你獲得的，其實是寶貴的市場洞察。

3. 當你發現自己沉溺於過去的挫折時，試著換上「偵探」的角色。是哪裡出了問題？如果重來一次，你會有什麼不同的做法？未來又該如何避免類似的結果？

4. 當內心的負面聲音浮現時，請質疑它的說法。你遇上的眞的是一場大災難，還是只是一個小挫折？你是眞的沒有能力，還是單純準備不足？如果只是準備不足，這其實是很容易改進的狀態。問問自己：你眞的不值得擁有成功與快樂嗎？還是你的內在批評，在利用過去不斷積累的那些限制性信念來扯你的後腿？

5. 當你覺得自己因爲內在的完美主義而動彈不得時，請試著允許自己犯錯。接受不完美，並將每次犯錯都視爲一次學習和改進的機會。

6. 當你想待在舒適圈時，試著下定決心挑戰自己。與其去你最愛的速食餐廳快速解決一餐，不如試著在家準備一道簡單的料理。排隊時別只顧自己，試著開口和前面的人聊兩句。受邀參加派對時不妨勇敢答應，而不是直接拒絕。

7. 如果你不確定自己想要達成什麼目標，那就請把目標釐清，並拆解成幾個小步驟。檢視完成這些步驟所需要掌握的技能、準備的資源以及採取的行動，再制定一份計畫，標出階段性目標和期限。

這七個方法非常簡單，你從今天就可以開始實踐。但請記住，找藉口其實是一種已經根深蒂固的習慣，隨著時間的推移，你的大腦早已建立起相關的神經迴路，而每重複這個行為一次，就會更加強化這些迴路；因此，重塑思維會需要一些時間。

好消息是，一旦你開始擺脫這個習慣，拖延和完美主義等讓人停滯不前的毛病，也會跟著慢慢消失。今天開始改變，就能為你的未來帶來長遠的回報。

在第一部分〈奠定「大膽思考」的基礎〉中，我們已經探討了許多重要內容。這些鋪陳非常必要，因為要能夠實踐大膽思考，就必須徹底改變我們對自己、以及對自身能力和潛力的看法。對我們之中的大多數人來說，這些自我認知的侷限可能早在多年以前就已經形成，有時甚至可以追溯到童年時期。

好消息是，你有能力逐漸打破那些助長負面自我形象的錯誤思考模式，並用更健康的全新思考模式取而代之。這需要付出努力，但你絕對做得到。你可以重新調整自己的行爲和反應，改寫腦海中反覆上演、阻礙自己成功的負面劇本——不要讓它持續拖住你，阻礙你實現那些你渴望且應得的成就。

一旦做到這些，你就能自然而然地將視野拓展得更廣，設定更高、更大膽的目標，並且付諸行動來實現它們。

PART 2

如何實現大膽思考

現在，是時候把我們所討論的一切付諸行動了。在這個部分，我們將以第一部分所探討的大膽思考基礎內容為起點。

我將帶領你一步步完成心智訓練，幫助你看穿並突破任何你強加在自己身上、並且目前對你造成阻礙的限制。這份計畫中包含許多清晰可行的步驟，有些部分需要你個人獨立完成，也有一些需要他人的參與。你會發現在這段旅程中，來自他人的責任感、鼓勵與情感支持都是無價的。

每個步驟都配有專屬練習，幫助你強化學到的概念，也讓你有機會實際操作這些方法。這些練習是學習過程的重要環節，它們能幫助你在日常生活中運用所學，並進一步理解這些概念如何融入我們共同構建的框架中。每項練習都已附上所需的時間建議，我鼓勵你按照自己的節奏完成它們。

現在是行動的時候了！準備好捲起袖子，一起努力吧！

步驟一：想像你的可能性

「目標小，成果自然有限；目標大，成功也會更顯卓越。」
——大衛・斯瓦茲（David J. Schwartz）

小時候，我們總覺得一切都有可能實現。我們可以成爲任何想成爲的人、追求任何心之所向的目標，隨心所欲地任由想像力帶我們到任何地方。只要我們身邊所崇拜的人們——像是父母、哥哥姐姐、老師——認同我們的想法，世界彷彿沒有什麼是不可能的。

在那個純眞的年歲裡，世界眞的就是我們的舞台。

隨著年紀漸長，我們的視角逐漸改變。所有在孩提時代看似可能的事情，開始感覺有點遙不可及。隨著生活經驗的累積，我們在夢想的時候變得更加小心翼翼。當我們專注在自己的義務和責任上時，不得不把志向束之高閣；我們想像的光芒逐漸黯淡、甚至徹底熄滅，就像蠟燭燃盡時最後的微弱火光一樣。

我們學會接受現狀，將其視爲終點之後就停滯不前，而非邁向更高目標的跳板。

訓練自己勇於夢想的第一步，就是重新點燃那日漸黯淡的樂觀心態；這份樂觀依然藏在我們內心深處，只是被遺忘，蒙上了塵埃與蜘蛛網。我們需要喚醒它，讓它重現光彩。而這一切，就從提醒自己「一切皆有可能」開始。

可能性思考的藝術

我們往往習慣透過聚焦於「自己做不到什麼」的濾鏡，來看待這個世界。這種自我設限侷限了我們的心態，缺乏自信則限制了我們的視野。我們將自身的缺點視爲無法逾越的障礙，進而低估了自己的技能與才華。

可能性思考則徹底顚覆了這種心態。它鼓勵我們超越自我設限和缺點，提醒我們思考自己未來的可能性並非早已注定。我們原本只看得到問題，現在卻能發現解決方法；原本覺得寸步難行的地方，現在卻能找到一條清晰的道路，通往那些我們曾經放棄的目標。

要實踐可能性思考的第一步，就是別再執著地認爲有哪些事是不可能的。首先，我們需要讓內在批評的聲音安靜下來——那總是最響亮、最愛潑冷水的聲音，時時提醒我們哪些地方可能會出錯、爲什麼事情行不通。只要一有機會，我們就可以用下面這三種方式來試著讓這些聲音閉嘴：

1. 質疑這些靠不住的批評聲。

2. 將自我挫敗的想法重新詮釋為建設性的意見。

3. 回想自己過去的成就。

除此之外，我們還需要接受一個事實，也就是「別人的意見不一定總是正確」，無論這些意見來自朋友、家人、同事，甚至是經驗豐富的專家；他們的觀點，往往也會受到自身負面思考的影響。想想看，就連 IBM 的董事長兼執行長湯瑪斯．華生（Thomas Watson），都曾在 1943 年說出這樣的經典名言：「我想電腦的全球市場需求量，大概就只有五台吧。」

當我們不再被周遭的負面觀點牽著走，拒絕讓它們左右自己的潛力時，就必須養成主動提問的習慣，來探討更多的可能性。我們在日常生活中，有無數的機會可以練習這種思考方式。

舉例來說，假使你正在自家附近的超市排隊結帳，隊伍長得誇張，前進速度又極為緩慢。這時不妨想一想，如果你是店長，你會如何解決這個問題？也許是多開幾個收銀櫃檯、調整員工排班來因應尖峰時段，或者設法激勵員工提升結帳效率。

又或者，假設你部門的工作流程出現了瓶頸。你可以想像如果自己是主管，會如何解決這個問題？你可能會先了解相關人員的狀況，再重新分配他們手中非必要的工作量；你也可以重新調整資源配置、引入自動化流程，甚至升級軟體來解決。

你可能會想：「這麼做對我想實踐大膽思考有什麼幫助呢？」事實上，透過在日常生活中不斷提出這類問題，無論處在何種情境，我們都是在訓練自己的心智，去思考事情的可能性。每次這麼做，都能逐漸削弱自己總是找理由認爲事情做不到的傾向，進一步培養可能性思考的習慣。久而久之，這種習慣將驅使我們本能地去思考如何實現目標，即便是那些我們曾認爲遙不可及的目標。

要掌握可能性思考的最後一個技巧，就是研究那些成就出衆人士的成功經驗，不論是現今（或剛過世）的傑出人物，還是歷史上的偉人。

現代的例子包括史蒂夫．賈伯斯（Steven Jobs）、比爾．蓋茲（Bill Gates）、麥可．喬丹、喬治．盧卡斯（George Lucas）以及理查．布蘭森（Richard Branson）；而歷史上的人物則可能包括馬丁．路德．金恩（Martin Luther King, Jr.）、愛因斯坦、聖女貞德、莫札特，以及拿破崙。

他們不僅成就非凡，其中有些人甚至在年紀輕輕時就締造了驚人的成功。在我們思考自身可能性的同時，他們的故事能持續爲我們帶來巨大的啓發與激勵。

視覺化的藝術

視覺化是可能性思考的延伸，能讓我們的想像力更進一步。當我們已經開始思考「什麼是可能的」之後，接下來就能試著在腦海中描繪出實現那些目標的場景。我們可以想像自己如何做出決策、採取有計畫的行動、面對並克服各種挑戰，達成渴望的結果。

許多世界級的運動員在備賽時，都會透過視覺化來模擬比賽情境；他們會在心中預演某些特定動作的完美表現。例如，籃球選手會想像自己在壓力下，從場上的各個位置投出精準無誤的進球；美式足球選手則會模擬自己穩當地持球突破對手防線，朝著達陣線奔跑的畫面；網球選手則會在腦中模擬自己完美回擊發球、準確瞄準的場景。

視覺化與運動心理學息息相關，原因衆多；其中一些原因，也與我們進行視覺化練習的目的不謀而合：

- 它幫助我們的心智事先爲成功做好準備。

• 當我們反覆想像自己完成成功所必要的行動時，自信心自然會提升。

• 它能夠減輕我們對未知和失敗的恐懼。

• 它讓我們更專注在需要完成的事情上，而不是分心去在意可能會出錯的地方。

• 它能讓我們的大腦放鬆，減少因爲對自己表現的期待，而引發的緊張和焦慮。

• 它能夠藉由釐清目標和清除心智雜念，來幫助我們做出更好的決策，並制定更精細的計畫。

那麼，怎麼樣才能充分發揮視覺化的潛力？你該如何開始，又該如何透過練習讓它發揮最大效益？以下是一些我親身試過，而且很有幫助的建議：

1. 找一個安靜、不受干擾的地方，用你最舒服的方式待著。如果環境中有無法避免的噪音，建議戴上耳機。

2. 一開始先閉上眼睛，深呼吸幾次，讓自己的心靜下來，排除雜念。

3. 想像自己一步步做出正確的決定，完成所有必要的行動，直到順利達成目標。

4. 將你的感官體驗也融入其中。在你的腦海中，觀察自己努力達成目標時的場景；去感受自己聞到了什麼、聽到了什麼、感覺到什麼，以及品嘗到什麼。

5. 每天在固定的時間進行練習，讓它成為你的日常習慣。我通常會在睡前練習，但你可以根據自己的生活習慣安排適合的時間。

6. 視覺化的練習時間不需要太長，例如 5 分鐘——至少一開始的時候這樣就夠了。隨著你愈來愈熟悉，就可以逐漸延長練習時間。

7. 把你的練習體驗寫在日誌中，記錄每次練習的感受、遇到的任何心理障礙，或任何讓你分心的原因。

我在過了很長一段時間後，才欣然接受視覺化這個練習，因為我一開始覺得它對我來說過於「虛無縹緲」。然而，當我開始規律練習之後，才真正體會到為何世界級運動員都這麼強力推薦。

練習一

這個練習分為兩個部分。第一部分幫助你將可能性思考付諸行動；第二部分專注於視覺化的具體練習。

第一部分

列出你在生活中希望改善的每一個領域。我建議使用筆和紙，因為書寫的觸覺體驗能更有效地激發大腦的活動[7]；但最重要的，還是選擇你覺得最舒適的方式。以下是一些供你快速參考的範疇：

- 職涯發展
- 財務規畫
- 人際關係
- 身體健康
- 心理健康
- 教育學習
- 興趣愛好
- 心靈探索
- 自我成長
- 語言學習
- 旅行

請以這份清單為靈感，思考你生活中是否還有其他值得探索的領域；如果有新的領域浮現，請一併加入清單中。

接下來，請仔細檢視清單上的每一項，並為每個領域寫

---

7. 作者注：Umejima, K., Ibaraki, T., Yamazaki, T., & Sakai, K. (2021). Paper Notebooks vs. Mobile Devices: Brain Activation Differences During Memory Retrieval. Frontiers in Behavioral Neuroscience, 15. https://doi.org/10.3389/fnbeh.2021.634158

下一個具挑戰性的大膽目標；此時不必擔心目標是否實際可行，只需要放手去想像。

若你內在的批評聲音認爲這個目標無法實現，請質疑這個聲音並要求它提供具體證據。假如腦中浮現過去失敗的記憶，試著將這些回憶重新詮釋爲有助於你成功的寶貴經驗。同時，回想自己過去的成功經歷，這些經驗能證明你有能力達成目標。

舉例來說，假設你在取得經濟學學士學位後選擇立即投入職場，而不是繼續深造的話，那麼你的目標可能是重返校園，攻讀經濟學的博士學位。

要是你的內在批評聲稱你的目標無法實現，那麼就請質疑這種說法，並要求它提供具體的證據。如果這種負面的聲音讓你想起過去在學業上的挫敗，試著重新檢視那些經驗，將它們視爲學習的機會。思考如果當時想要有更好的結果，可以做出哪些改變，例如更規律地學習、花更多時間準備考試等等？同時，也別忘了自己已經取得學士學位，這正是你有實力完成學業的證明。

請以這樣的方式，逐一審視清單中的每個生活領域。

第二部分

找一個安靜、不受干擾且能夠專注的地方，舒適地坐下，把你的清單放在面前。閉上眼睛，做幾次深呼吸，讓自己的思緒從日常瑣事中抽離，放下任何你感覺到的壓力或焦慮。

接著睜開眼睛，檢視清單，選擇其中一個具挑戰性的大膽目標。再次閉上眼睛，開始在腦海中清晰地想像實現這個目標所需的每個步驟，並具體描繪自己採取行動的場景。

將你的感官也融入其中，想像自己身處與目標相關的狀況與場景中，感受自己完成每個必要步驟的過程，直到成功達成目標。

讓我們回到攻讀經濟學博士的例子，你可以想像自己完成作業、閱讀經濟文獻、進行研究、分析資料以及準備考試等環節；在你的腦海中呈現自己與教授會面討論課程計畫的畫面，想像自己正在規畫論文的架構，以及收集撰寫資料的過程。

如果你是第一次嘗試視覺化練習，時間不需要太長。練習結束後，將你的體驗記錄在日誌裡。我建議使用 UpNote、OneNote 或 Evernote 這類簡單的筆記應用程式，方便你隨時在不同行動裝置上查看自己的記錄。

》第一部分所需時間：10 分鐘。

》第二部分所需時間：5 分鐘。

步驟二：將夢想轉化為可執行的目標

「寫下夢想並為它設定期限，它就會成為一個目標；將目標拆解成具體步驟，它就會變成一份計畫。有實際行動支持的計畫，才能讓夢想成真。」

——格雷格・里德（Greg Reid）

讓我們快速回顧一下……你已經為自己生活中的每個重要領域發想出可能性，也透過視覺化練習，清楚看見自己在這些領域中夢想成眞的畫面。現在，你來到了人生的十字路口——是繼續放任夢想停留在願望與渴望的階段，還是開始制定計畫，朝實現目標邁進？

設定目標是實踐大膽思考的核心要素之一，從某些方面來說，甚至可以說是最關鍵的一步；遺憾的是許多人往往忽略目標的設定，導致難以將夢想轉化為自己想要的成果。

如果你對設定目標已經有一定經驗，對相關步驟也十分熟悉的話，這一部分對你來說會非常輕鬆。但反過來說，如果你鮮少設定目標，或是對如何正確設定目標感到陌生，那麼本章節將會是你的速成課。

不設定適當的目標，就不會有任何進展

回想一下你曾經爲了完成某件大事而充滿動力的時候；那時的你非常興奮，甚至感到備受鼓舞。你當時的目標也許是減重 100 磅、夢想流利地掌握一門新外語，或是希望創辦一家企業，讓它成爲業界的領導者。

然而，隨著時間流逝，你的抱負是否逐漸消失？還是根本連開始的機會都沒有就不了了之？如果答案是肯定的，你並不孤單，我們都有過類似的經驗。

夢想之所以凋零，原因有很多。有時，我們會因爲其他生活領域變得更爲重要、需要優先處理，而刻意將夢想擱置；我們將夢想放在次要位置，甚至徹底放棄。但通常，夢想之所以化爲泡影，是因爲我們忽略了設定以行動爲導向的目標，來幫助我們實現夢想。

當我們正確設定目標時，就能爲自己指引方向、帶來清晰的思路與明確的目標。我們等於繪製出一份路線圖，指引前進的道路；同時設立里程碑來衡量進度，確保自己始終走在正軌上，或在偏離時得以重新回歸。

假使忽略這個步驟，我們的前進方向將變得模糊不清，像是缺少羅盤般陷入漫無目的的漂流。即使有再多的動力與

靈感，也往往困於猶豫與不作爲之中。我們開始拖延，既不知道如何起步，更不確定如何前進，最終讓夢想石沉大海。

好消息是，只要你願意花點時間進行詳細的規畫，並制定深思熟慮的策略，就能夠完全避免這個問題。在接下來的內容中，我會告訴你如何一步步完成這個過程。

如何將夢想轉化為行動計畫

設定目標的方法有很多，其中最廣爲人知的是「S.M.A.R.T.目標」，強調五個關鍵要素。一個「聰明」（smart）的目標必須具備以下特質：具體（Specific）、可衡量（Measurable）、可達成（Achievable）、具相關性（Relevant）以及有時限（Time-bound）；「smart」這個詞正是由這些特質的英文字首組成的，這套系統已經相當完整。

然而，我更喜歡使用自己設計的「P.R.I.M.E.R. 方法」，因爲它更加全面，並補足了S.M.A.R.T.系統的幾個不足之處。以下是縮寫中每個字母所代表的意涵：

- P：Pinpoint（確定），確定你的高優先級目標
- R：Refine（釐清），釐清你的理想成果
- I：Identify（確認），確認需要採取的行動

- M：Modify（調整），調整環境以配合目標
- E：Evaluate（評估），評估你的進展
- R：Revisit（重新審視），重新審視你的目標

讓我們快速解析這個六步驟架構。

首先，當你有多個重要目標時，請務必依照它們對你的重要性進行排序。由於時間、精力、專注力和金錢都是有限資源，因此排定優先順序非常重要。

一旦排序完成，請仔細檢視排名前幾的目標。爲什麼這些目標是你的優先選擇？如果它們實現了，你的生活會有什麼改變？

其次，請釐清你想要的最終成果。目標在一開始通常都比較模糊，但這個步驟可以讓它們變得更加明確。例如，你可能想要「改變體態」，但這樣的目標過於籠統；請進一步將它具體化，像是確定你的理想體重、肌肉量、體脂率，以及上半身與下半身的肌肉線條。

第三步，確認一份清晰而完整的行動路線圖，可以有效引導你朝目標邁進；這份計畫應該包括你需要採取的所有行動。以剛剛的例子來說，其中就可能包括飲食計畫、健身計畫，以及一個含有里程碑的時間表，用來追蹤你的進度。

制定路線圖最有效的方法是從目標結果開始反向推導。

既然你已經清楚知道想達成的目標，就從最終成果開始，確定**前一個**必須完成的里程碑，並爲它設定一個期限。接著，不斷重複這個過程，直到回推到目前的起點。

舉個簡單的例子：假設你目前的體脂率是45%，目標是降到8%。請先設定達到體脂率10%的日期，然後再往回推導，得出該把體脂率降到12%、接著就是14%……的時間點，依此類推；將這一連串的里程碑回推並規畫到目前的階段。

第四步，調整環境以配合你的目標，因爲環境對目標的實現有非常大的影響。延續剛才的例子，就是把自家櫥櫃裡的垃圾食物清掉、購入一組壺鈴方便在家運動而不用上健身房，或是添購一些廚房用具，讓你能夠在家準備健康的飲食。

第五個步驟非常簡單，就是固定評估自己是否依照你爲自己設定的期限，完成了里程碑。如果進度落後，就請根據你目前的進度調整路線圖。

最後，請定期重新審視你的目標，問問自己它是否仍然重要。我們很容易因爲太過專注而陷入「隧道視野」，追逐那些因爲優先順序改變或事過境遷，而不再有意義或已經不可行的目標。如果你的目標已經不再屬於優先事項，不要害怕放棄它；這樣可以釋放出有限的資源，讓你能投入其他更優先的計畫。

簡而言之，有許多人會把抱負與目標混爲一談，以爲光是心懷抱負就等於制定了目標；然而，事情並非如此。具備前瞻性與策略性的目標設定，是將夢想轉化爲現實成功的關鍵；缺乏這一步，往往就是無法實現願望的主要原因之一。

練習二

本練習著重於前述的第三與第四步驟，進一步將模糊的目標具體化，並制定行動計畫來實現它。

首先，請選擇一個短期目標。儘管大膽思考意味著設定宏大的目標，但這項練習比較適合用小目標來進行。

其次，仔細釐清這個目標，明確寫下你想達成的成果。例如，與其說你想「減重」，不如明確設定要「減掉 18 磅」；與其說「存錢」，不如具體規畫爲「存下 4,500 美元」。

接下來，請制定一份行動計畫。從你的理想結果開始，反向推導出每個階段的里程碑，並爲每個里程碑設定期限。以下是一個想存下 4,500 美元的行動計畫範例：

今天的日期：1 月 1 日

截止期限：7 月 31 日前存到 4,500 美元

里程碑 #5：6 月 30 日前存到 3,750 美元

里程碑 #4：5 月 31 日前存到 3,000 美元

里程碑 #3：4 月 30 日前存到 2,250 美元

里程碑 #2：2 月 28 日前存到 1,500 美元

里程碑 #1：1 月 31 日前存到 750 美元

本練習的主要目的，是幫助你養成具體設定目標並制定詳細行動計畫的習慣。雖然目前以短期目標爲範例，但一旦你養成了這個習慣，就能夠輕鬆地將此流程應用在遠大的目標上。

》所需時間：20 分鐘。

步驟三：挑戰自己所認知的限制

「世上的每一個人，都可以超越自己的認知極限。」
——亨利・福特（Henry Ford）

我們對於自己的技能、才華與潛力，往往抱持一套內化的信念系統。從童年開始，這套信念就在我們的人生中逐漸形成，並受到許多正面或負面的經歷影響。

你的自我信念系統能爲你帶來激勵和勇氣，讓你在人生中實現非凡的成就；在你面對挑戰與挫折時，它能賦予你所需要的韌性，並堅信自己能夠克服困難。

然而，這套系統也可能成爲束縛我們的牢籠。如果你的自我知覺充滿負面想法、苛刻批評以及各種自我設限，你會發現自己難以心存遠大的目標，更不用說付諸行動去追求了。每一個關於自己的限制性信念，都像一道無形的枷鎖，將你困在平庸的生活中。

學習大膽思考的第三個步驟，就是正視並質疑這些自我限制的想法。我們將正面迎擊，檢視它們的合理性，並在發現它們錯誤或毫無根據時果斷摒棄。但在此之前，我們必須先快速了解這些想法是如何形成的，才能有效制定反駁策略。

自我批評從何而來

有許多因素會讓我們形成負面的自我形象，並使這些想法根深蒂固。不幸的是，這些因素往往潛移默化，難以察覺；而正是這種意識的缺乏，它們才得以在不知不覺也未受質疑的情況下，持續對我們的思考模式造成負面影響。

有時，這些批評表現得很隱晦，像耳邊的低語，輕輕影響我們的潛意識，讓我們接受負面的自我評價；有時，它們則顯得非常直接，以吹毛求疵或極爲苛刻的方式呈現。無論形式如何，最終都會導致自我懷疑，甚至引發不同程度的自我厭惡。以下是最常見的自我批評來源：

家庭——或許在你還小的時候，你的家人就常貶低你，甚至到現在還是這樣。也許他們老覺得你比不上在各自領域表現出色的兄弟姊妹；又或者，他們對你的愛與關懷是有條件的，讓你覺得自己必須不斷努力才能爭取認同。家庭對你的自我認知，可能產生極其深遠的影響。

權威人物——在你的成長過程中，權威人物也可能對你產生類似影響。老師可能曾經批評你的學習能力、教練也許不看好你的運動表現，而老闆也或許經常質疑你的工作能力。這些經歷會深刻影響你對自身追求成功的潛力和能力的信念。

過往的失敗和錯誤——我們先前已經討論過這些問題，之後也會在步驟十中深入探討，因此此處不再贅述。簡而言之，若執著於過去的失敗與錯誤，並將責任歸咎於自己，而非從中學習並放下的話，就只會助長內疚感與羞愧感而已；這些感受，會嚴重消磨你實現遠大目標的信心。

他人的期望——別人不合理的期望，可能讓你感到自己很無能，永遠都不夠好。如果你任由這些期望支配自己的行爲，就會不斷地陷入無力感之中。時間一久，這種情況就會摧毀你的自信，甚至讓你覺得自己只能做到微不足道的事情。

不公平的比較——在現代社會，比較自己與他人變得前所未見的容易，尤其是在負面情境下更是如此。影像爲主的社交平台無孔不入，只會助長這種趨勢。當你看到其他人（看似）過著你夢寐以求的生活時，難免對自己感到失望，因爲你自己過著的不是那樣的生活。

內在批評——你的內心批評聲會利用上述的因素，虛構出並堅信著一段負面的內心獨白，不斷貶低你的能力，並動搖你對自身潛力的信心。

這種破壞性的循環已經持續了太久，造成的傷害也已經夠多了。現在，是時候挑戰你負面的內在信念系統，重新塑造你對自己的看法。

如何擺脫自我批判的想法並克服自我設限

在這裡光說好聽話是沒有意義的。要扭轉你那些自我阻礙的信念，需要時間、精力和耐心，也必須透過深刻的反思與自我接納來完成。你不僅得解開多年來累積的負面條件反射，還得克服大腦對改變的抗拒。

單純逃避這些心理障礙是不夠的，必須徹底清除它們。這裡提供一個多管齊下的對策，透過引導性問題幫助你重新看待自己。

「哪些限制性信念正在阻礙我？」

在挑戰自我設限之前，你必須先意識到它們的存在。這些限制性信念往往隱藏得極為巧妙，最擅長在你未曾察覺或質疑時發揮影響力。

你可以問自己這個問題，來協助揭開那些你加諸於自己身上的限制性信念。

「這些自我設限有什麼實際證據可以佐證？」

那個不停在心中告訴你「我不夠好、不夠聰明、太老、太年輕、還沒準備好去追求夢想」的內心對話，必須隨時受到質疑。否則，它們會不斷讓你感到渺小，而這正是它們的目的。

不過請記住，應該提出證據佐證的不是你，而是內在批評本身；如果你要求它拿出證據，往往會發現那些批評根本站不住腳。

「我應該設立哪些界限來保護自己？」

不是你生命中的每個人都會支持你的目標和抱負，有些人甚至會不停潑冷水，對你爲何無法成功發表一堆負面評論，甚至還覺得他們這麼做是爲你好。而有些人即便是出於好意，他們也可能不自覺地偷走你的自信、熱情與樂觀。

請設立個人界限保護自己，減少與負面或有毒人士的相處時間，不要向他們透露你的目標與理想。如果他們開始對你的能力發表意見，不需要爭辯；就讓他們說完，然後優雅地結束對話。

「我正試著滿足哪些外界的期待？」

我們往往會不自覺地掉入一個陷阱，將自己的行爲、決策和表現塑造成符合他人標準的樣子——無論是家人、朋友、同事、鄰居，甚至是與你有著相同文化背景的人們，也就是整個社會。這種趨於迎合的傾向會變得根深蒂固，以致於你甚至不加思索就這麼做了，而不去質疑是否應該如此。

事實是，除了合理的責任之外，你並不需要取悅他人或符合他們的期待。唯一真正值得你努力滿足的人，是你自己。

「我是否在與他人比較？」

拿自己和別人比較的行爲如果能夠推動你制定計畫並採取行動，就可能是有益的。例如，你觀察到一位與自己的優勢與情況都相似的朋友，成功達成了你也想完成的目標，那麼你就可以利用這樣的觀察，來啓發並激勵自己往相同的目標前進。

然而，一旦超出這個特定的範圍，拿自己和別人比較就是不健康的。它會滋生嫉妒與怨懟，激起自我懷疑，讓你覺得自己永遠不夠好。透過反問自己這個問題，你就能減少自己對他人成就的執著，並將更多注意力投入到自己的成長旅程中。

「哪些過去的失敗讓我懷疑自己？」

每條通往成功的道路上，都少不了錯誤與失敗。尤其是在成功尚未實現時，我們會很容易就讓這些經歷，助長自己內心的限制性信念。更糟的是，這些過往記憶往往模糊不清，反而讓你的內在批評趁機利用這些記憶，來放大它對你的指責和評斷。

問自己這個問題有助於你認清那些正在消磨自信的過去經歷，讓它們浮上檯面，你才能用客觀的角度仔細審視。與其讓這些失敗變成自我懷疑的根源，不如從中學習，將其轉化為前進的助力，並汲取寶貴的教訓，而不是放任它們繼續助長你的自我懷疑。

練習三

這是一個簡單又實用的練習：我們將對一個助長你自我設限的信念進行檢視。

這個練習有兩個目的：首先，我們希望讓這種自我批判的想法浮上檯面，避免它在不知不覺中持續影響你。其次，我們想要對這種想法提出質疑，判斷它們是否合理，還是根本缺乏事實根據。

第一步是選擇一個讓你退縮的限制性想法，最好與你想實現的具體目標相關。以下是一些範例：

- 「我年紀太大了，無法創業。」
- 「我不夠自律，所以無法鍛鍊出好體態。」
- 「我沒有那種能力，拿不到博士學位。」

第二步是找出這種負面自我評價的根源。它從何而來？

是因為家人總是不斷貶低你的能力和潛力嗎？還是出於過去的失敗與錯誤而逐漸形成的？它也可能是多種因素共同作用的結果，請試著把所有原因一一寫下來。

第三步是檢視你寫下的每個項目，並思考它們所引發的情緒。例如，當家人貶低你時，你可能感到憤怒、受傷、尷尬或怨懟。暫時將這些情緒擱置一旁，試著與它們保持距離。

最後，回顧你在第一步中識別出的自我設限信念，並用客觀態度評估它。是否有證據證明它是合理的？或者它主要是由你聯想到的負面情緒所驅動的？即使有部分證據支持，你是否因為這些情緒的因素，而過度放大了它的影響？

你很可能會發現，這個自我設限的信念，是建立在一或多個錯誤的前提上的。一旦揭露其根本問題，你將能更輕鬆地擺脫它的束縛。

》所需時間：15 分鐘。

步驟四：擁抱成長型心態

「人生的意義不在於找到自我，而在於創造自我。」
——喬治・蕭伯納（George Bernard Shaw）

多年來，「成長型心態」（growth mindset）這個詞已經成爲熱門話題，經常出現在商學院、管理研討會、運動訓練和領導能力會議中。無論在談論創業、心理韌性和情緒健康時，這個詞都時不時會被提到，幾乎已經成爲自我成長領域的代名詞了。

這樣的風潮其實不無道理，對大膽思考而言尤其如此；當你培養出成長型心態後，原本看似不可能的事情都變得有可能了。你能夠學習目前還不會的技能、改善當下生活中困擾你的部分，或者透過建設性的回饋，幫助自己在未來表現得更好。

擁有成長型心態的人總認爲任何事都有進步的空間，而這正是追求夢想的關鍵。當你相信自己可以持續進步時，就再也沒有什麼事情顯得遙不可及了。你會開始將困難視爲挑戰，而不是阻礙你前進的絆腳石；你會開始將挫折和失敗看作學習新洞見的機會，而不是放棄的理由。你會直覺地去尋找適應困境的方法，而不是陷入沮喪中選擇放棄。

在接下來的內容中，我們將比較成長型心態與它的對立面——固定型心態；在這個過程中，你將了解固定型心態會如何阻礙任何試圖實現大膽思考的努力。我們也會接著分享一些可以立即實踐的方式，幫助你培養成長型心態。

你擁有固定型心態，還是成長型心態？

你的自我形象通常源於兩種核心思考模式的其中之一，而這兩種模式對你的行爲、決策以及整體表現，都有著深遠的影響。它們不僅決定你是否敢於設定遠大的目標，也影響著你是否擁有動力與熱情，以自信和充滿企圖心的態度追求自己的抱負。更重要的是，它們還會左右你實現目標的決心，以及在遇到困難時，是否能夠堅持不懈的韌性。

固定型心態認定人的才能、能力和智慧都是與生俱來且不可改變的；對於這些既定事實，你無論做什麼都無能爲力。你無法進步、無法成長，無法超越當下的自己。

試想，在追求大膽思考、設立遠大目標以及渴望在人生中實現偉大成就的情境下，以上敘述所代表的意義爲何；假設你抱持著固定型心態，你很可能會：

- 遇到挫折時選擇放棄。
- 爲了避免失敗、看起來笨拙或無能，所以逃避挑戰。
- 在收到有建設性的意見回饋時，產生強烈的防衛心。
- 執著於追求微小、毫無挑戰性的目標，卻犧牲了個人成長作爲代價。
- 不斷與他人比較，並因他人的成功而感到威脅。
- 認爲努力讓自己成長毫無意義，所以沒有什麼好嘗試的。

這種自我認知會大幅阻礙你立下遠大志向並追逐夢想的可能性，讓你誤以爲自己在人生早期階段就已達到潛力的上限；它預設你的能力、也就是你的潛力，到了某個程度就會停滯不前，而試圖超越該程度「允許」你達成的成就上限，根本是徒勞無功。

現在，請將上述觀點與成長型心態進行對比。成長型心態的觀點認爲，個人的才能、能力和智慧是可以不斷發展與拓展的；你能夠學習並持續進步，也有機會培養並掌握任何技能。

想想看，若你帶著成長型心態來面對大膽思考的情境，所代表的意義。如果你秉持的是成長型心態，你很可能會：

- 面對挫折仍然堅持不懈。
- 期待挑戰，因為你相信挑戰能帶來實質的學習與成長。
- 將意見回饋視為培養或精進技能的機會。
- 專注於更具價值的目標，而非追求微不足道的目標並執著於瑣碎的結果。
- 在看到他人成功時感到鼓舞，並因此受到啓發。
- 全心投入努力，深信自己的付出將讓自己不斷進步、邁向成功。

請注意，成長型心態與設立遠大目標並想像自己達成非凡的成就，這兩件事根本就是完美契合。成長型心態是大膽思考的核心，將激勵你走出自己的舒適圈、設定遠大的目標並全力以赴去實現。同時，它也會賦予你得以迎接挑戰並克服障礙的自信。

在如此背景下，你該如何建立一套專注於個人成長、而非自我設限的思考框架？你要怎麼改變你的思考方式，最終得以發掘自己的潛能？

如何培養成長型心態

我們雖然能夠將固定型心態轉換爲成長型心態，但我要先提醒你，任何值得追求的思考模式轉變，都會需要時間、努力、堅持和耐心。但請放心，只要你依照經過仔細規畫的策略去實行，就一定可以達成。以下提供一個包含四步驟的藍圖。

第一步

首先要做的是辨識固定型心態的跡象，但這些跡象往往很容易忽略；尤其，當你抱持著固定型心態的時間愈長，而且伴隨而來的信念愈根深蒂固時，就愈可能失去對它們的敏感度。

例如，你是否本能地迴避那些看起來具有挑戰性的任務、計畫或其他行動？遇到困難時，你是不是傾向將問題歸咎於外部因素，而不去承認自身的不足？當他人給予建設性意見時，你是否容易產生防備心，或是乾脆置之不理？

如果你察覺到上述或其他固定型心態的警訊，請不要苛責自己；這個步驟的目的只是讓你意識到問題的存在而已。當你能辨識這些徵兆時，它們就不再只是抽象的概念，而是具體可見的問題。

第二步

接下來你需要知道的，是每一個行動都始於一個選擇。你所做的任何事情、每件事情，都是一項決定的結果。

舉例來說，當你面對障礙選擇放棄時，那是因爲你選擇了放棄。如果有人提供你意見，而你選擇接受並改進，那也是因爲你決定接受他們的建議。

若你意識到行動源於自己的選擇，也就意味著你承認了自己對局勢的掌控能力。在你面對挑戰和挫折後，得爲後續緊接而來所發生的事情負起責任；你會承認自己是有責任的。雖然這看起來可能讓人感到有些畏懼，但它也賦予了你自主權，幫助你掌控一切，並爲自己決定未來的道路該如何前進。

第三步

請養成將失敗視爲學習機會的習慣。這說起來雖然很簡單，但眞正做到並不容易，因此，將這個步驟拆解會很有幫助。

首先，你必須認清一個事實：每個人都會經歷失敗。即便是你所認識的那些最成功的人士，也都曾多次面臨挫折。

從世界級的運動選手、知名作家、成功企業家到卓越領袖，都曾經面對失敗。每個人都會遭遇失敗，無一例外。

因此，當你每次遇到失敗時，請試著問自己以下幾個問題：

- 「我能從中學到什麼？」
- 「導致這個結果的原因有哪些？」
- 「我的哪些決策影響了結果？」
- 「以現在的經驗來看，我會如何以不同的方式處理？」

這個反思的過程可能令人感到不愉快，但它能帶來寶貴的見解，幫助你改善未來的結果。

接著，請時刻提醒自己，失敗並非是對你的能力或成功潛力的最終定論。它不是一張否定你可能性的裁決書；相反地，失敗只是一個路標，爲你指引有哪些可以學習的課題，或是哪些技能還有進步的空間。

最後，選擇能在你失敗時給予支持與鼓勵的夥伴。你需要的不是那些只會同情你的人，而應該與能夠激勵你、啓發你繼續向前邁進的人爲伍；找那些能提升你的士氣，並在你遇到挫折時，爲你加油打氣的朋友來陪伴你。

如果你能養成這些習慣，你的大腦將逐漸改變對失敗的看法。這是大膽思考中非常重要的一環，我們會在〈步驟十：

立即從失敗中得到收穫〉(P157) 中深入討論。

第四步

迎接挑戰，以坦然的態度面對。積極接受或主動追求挑戰，能爲你創造更多發現自身不足的機會。這意味著你將有更多機會來精進現有技能或學習新技能，也更可能在生活中的特定領域培養出專精的能力。

我之所以將這個步驟放在最後，是有原因的。如果你還沒完成前面的步驟，那麼直接面對自身缺點可能會讓你感到不安甚至焦慮，反而對成長有害無益。然而，當你已經重新定義自己對失敗與挫折的看法，這個步驟將會成爲一次更具收穫的體驗。悲觀的想法會逐漸被樂觀取代，而習慣性的消極態度，也會轉化爲學習與成長的積極心態與熱情。

培養成長型心態並不像在大腦中按下開關那麼簡單——差得遠了。這是一個重新建構思考模式的過程，既不輕鬆又曠日費時。因爲你必須解構多年來形成的固有心態，因此請對自己保持耐心。我向你保證，如果你依照上述四個步驟進行，就必然能夠成功培養出成長型心態。

練習四

這是一個簡單的日誌練習，我建議你以傳統的方式進行，用紙和筆記錄下來。

每當你遇到挫折時，請在日誌裡請寫下發生的事情，接著問自己以下問題，並將答案記錄下來。

- 我有哪些感受？
- 是什麼信念讓我產生這些感受？
- 我對自己適應能力的態度是正面的還是負面的？
- 我是試圖放棄，還是覺得非堅持下去不可？
- 如果我有想放棄的念頭，是哪些情緒和思考模式引發了這種衝動？

這個練習的目的，在於提高你對自身心理傾向的自我覺察。當你遵循上述四個步驟，並經常進行這個反思練習時，你的心態將逐漸轉變。隨著你觀察並接納自己學習與成長的潛力，固定型心態的跡象也會變得愈來愈少。

》所需時間：每篇日誌約 10 分鐘

步驟五：培養你的自信心

「挺直身體，認清自己——你比你的處境更強大。」

——瑪雅・安傑洛 (Maya Angelou)

我們經常花很多時間思考別人如何看待自己，這是人之常情，也是健康的心理反應。身爲群體動物，我們渴望與他人建立連結。與陌生人相處時，這種傾向可以讓我們感覺自己融入環境；和至親好友在一起時，這份感覺則能加深彼此的親密感。

然而，有時這種傾向可能會失控；如果我們不加以調適，它會開始影響對自我的認識，使得別人的看法變得比自己的感受更重要。隨著你把時間與精力都放在迎合他人爲你設定的標準上，對自我的認同感也會逐漸消失。

長此以往，你的自信心便會受到嚴重打擊。你會開始依賴別人的肯定來證明自己的價值，反而讓自我懷疑不斷滋長；你會害怕遭受別人的否定，這種恐懼讓你裹足不前，無法採取行動。最後，你任由他人對你的評價，來主宰自己的選擇。

沒有自信，就無法實踐大膽思考。如果你對自己的能力沒有信心，又如何能追逐夢想並實現它們？如果你低估自己、不信任自己的直覺，又如何設定並達成那些富有挑戰性的目標？

在步驟四中，我們談到如何培養成長型心態。這已經爲建立自信心奠定了一半的基礎。現在，讓我們完成這部分的旅程吧。

你是否正為自信心不足而煩惱？

自我懷疑並不總是顯而易見。假使你很少踏出自己的舒適圈，它甚至可能隱藏得很好，讓你完全無法發現。若你只做自己擅長的事情，這些能力可能讓你產生一種錯誤的安全感；這種自信建立在脆弱的基礎上，一旦你挑戰自己並遭遇困難，它往往就會像海市蜃樓般消失無蹤。

接下來，我們將透過幾個特徵與傾向，幫助你辨識自信心不足的跡象。如果你發現其中有些情況與自己不謀而合，請不要擔心。我們稍後就會討論如何克服它們。

猶豫不決——你總擔心自己會做出錯誤的選擇，因爲你不相信自己能做出正確的判斷。你懷疑自己對相關資訊的詮釋與評估能力，最後不斷在事後猜疑自己的決定。

拖延——你總覺得自己還沒準備好採取行動。你不確定自己是否具備成功的條件，因此不斷地拖延下一步。儘管你沒有放棄，但卻始終停留在起跑線上無法前進。

完美主義——你執著於把事情做到完美，為自己設下難以達成的標準，卻又害怕無法達成。僅僅是「可能犯錯」的念頭，就讓你裹足不前，甚至因此陷入癱瘓般的無所作為。

降低期望——為了避免失望，你選擇對自己降低期望；某部分的你已經預期會失敗，因此用這種方式來避免因失敗帶來的負面情緒。然而，這樣的心態卻阻礙了你設立或追求更遠大的目標。

冒牌者症候群——你覺得自己配不上已經達成的成就。儘管有明確的證據證明你的能力、才華與韌性，但你還是覺得自己的成功只是靠運氣，而非實力。這種感覺如影隨形，驅使你更加努力，同時又害怕有一天會被揭穿。

負面自我對話——你內在的批評聲音總是對你的決定、行動，甚至是志向加以指責。失敗時，它讓你覺得自己無能；成功時，它又讓你感到自己不配。無論怎麼做都不夠好，無法讓這個內在批評者滿意。

難以接受讚美——當別人稱讚你時，你總是抱持懷疑態度。你會對他們的讚美半信半疑，因為你很難認為自己配得上他人的稱讚。你甚至刻意避免成爲衆人讚譽的焦點，因爲你覺得自己會讓大家失望。

對意見回饋過於敏感——當收到有建設性的批評時，你卻覺得自己被冒犯。如果你收到的意見不如你的預期，又感覺自己受到貶低與動搖。這些回饋非但沒有激勵你學習、適應與進步，反而讓你失去信心。

迴避風險——你習慣待在舒適圈中，因爲那裡既熟悉又有安全感。你避免冒險，說服自己這麼做是明智的；但這樣的謹愼雖然帶來穩定，卻也讓你錯失許多機會。

害怕失敗——你不願意嘗試新事物，因爲害怕可能導致負面的結果。每次挑戰都籠罩著對失敗的恐懼，讓你感到無助、陷入癱瘓，無法邁出下一步。

推卸責任——當事情出錯時，你傾向拒絕承擔責任。與其承認自己的過失，你會選擇將焦點轉移到他人身上，希望由他們來背負責任。

缺乏界限——你難以拒絕他人，也不擅長設立健康的界限。你覺得自己的時間、精力和其他資源比不上別人的重要；爲了避免衝突，你往往犧牲自己的需求。

再說一次，如果你發現自己有上述任何特徵，請不要驚慌。我們每個人都曾經歷過類似的情況，沒有人天生就擁有自信：自信是一種我們在人生中，逐漸學著接受並擁抱的能力。

自信的不足，其實往往是經年累月的影響所造成的結果，背後可能牽涉到許多因素，而其中大多數是你無法掌控的。但重要的是，你可以重新調整自己。你可以改變對自我的看法，並逐步建立自信心。

這並不容易，但絕對值得努力。你將培養出正面面對逆境的勇氣與毅力，並對自己的能力和潛力充滿堅定的信念；你將獲得內在的力量，並享受一種自主的掌控感，這會激勵你設定具有挑戰性的目標，並相信自己能夠實現它們。

建立自信的快速入門指南

好消息是，你每天都可以藉由一些簡單的活動，來幫助自己建立自信；把它們想像成鍛鍊身體肌肉的運動，只不過現在我們要鍛鍊的是你的自信心。

關鍵在於持之以恆。自信不會在一夕之間產生，但如果你每天都付諸行動，專注於穩步前進的話，你會發現自信增長的速度比自己想像的快得多。

現在就開始吧！

勇於冒險

每天請至少跨出一次自己的舒適圈。這聽起來也許太過簡單，但整天都待在既熟悉又安全的領域中，是一件輕而易舉的事；簡直是太容易了。正因如此，請下定決心嘗試做一些讓你覺得尷尬或畏懼的事吧。

如果你是個內向的人，就試著向陌生人打招呼；如果你不常下廚，可以試試挑戰一道新食譜。要是你總是避免擔任領導角色的話，請試著主動教別人一項技能吧。

練習果斷

練習快速做決定，就從那些風險低、影響不大的小事開始。

幫自己和朋友們選一家餐廳、不再猶豫不決，果斷地接受或拒絕社交邀請；又或者是快速地回覆電子郵件和簡訊。這樣的練習，可以讓你逐漸培養對自己直覺的信任。

保護自己的空間

建立屬於你的個人界限，並堅持遵守。不需要一次設下太多限制，先從一件事情開始著手即可。

如果你不喜歡別人未經通知就來家裡拜訪，那就清楚地告訴他們。如果你不喜歡他人侵犯你的私人空間或有過多的肢體接觸，也請明確表達。如果你對被捲入別人的無謂戲碼感到厭煩，同樣要勇敢說出口。

保持禮貌和圓融，但也要有心理準備，在遭遇反對時堅定立場。

尋求意見回饋

找一位你信任的人，請他對你的某項成果進行評估，並給予坦率但友善的意見；主動說明你希望得到具建設性的建議，以幫助自己愈來愈進步。

煮一頓飯請朋友來品嘗，然後詢問他們的想法。把你的文章分享給家人，請他們給予評論。向老闆提案，並請他提供建議。透過這樣的練習，你就能夠逐漸降低自己對批評的敏感反應，並更自在地面對不同意見。

記錄你的成功

將你的成功一一記錄下來。每天都有許多小小的勝利，別忘了記錄它們，無論多麼微不足道的成就，都值得寫進你的筆記中。

例如，你終於打了一通一直不敢打的電話、成功解決了你電腦的某個問題，或是選擇了一頓健康的午餐而不是沉溺於垃圾食物；把這些點滴快速記錄在你的「成就日誌」裡。

當你開始感到自我懷疑時，就翻開這本日誌回顧你的小小勝利。你會驚訝於這個習慣帶來的激勵效果，同時也爲你提升自信。

打造自己的支持網絡

讓自己周圍圍繞著支持你的人，花時間和那些願意傾聽並鼓勵你的人相處。這些人會在你遭遇挫折時展現同理心，同時激勵你繼續努力；他們會在你尋求意見時提供眞誠的建議，但不會帶有批判，並且對你充滿信心。

反之，請遠離那些經常批評、羞辱、讓你沒自信或試圖操控你的人。維持這些關係的好處微乎其微，甚至根本沒有。更糟的是，它們可能對你的自信造成長期的破壞性傷害。

只要每天付出一點努力練習，你會發現相信自己變得愈來愈容易。若能持之以恆，長時間堅持下去，你的自信將會有顯著的成長。請記住，自信並不是一個能瞬間啓動的開關，而是需要隨著時間逐漸形成並且積累的能力。

當你的自信心變得強大時，那些曾經看似無法想像的成就將不再遙不可及。

練習五

這是一個簡單的日誌練習，它不只能夠幫助你建立自信，還可能會很有趣。在這個練習中，只需回答以下三個問題。

問題一：我今天有哪些小小的勝利？

你是否完成了一項棘手的工作任務？或是和家人共度了美好時光？你是不是有把車子送去保養？還是把家裡的水龍頭修好了？或是你打了一通早就應該打給客戶的電話？任何一點成就都值得記錄下來，不管多小。

問題二：在過去三十天裡，我有意識地維持了哪些生活習慣？

你是否按照自己的運動計畫，乖乖地上健身房？是否持續完成每天早晨的例行任務？你每天是不是都稍微早起了一點？每天結束時，有沒有整理好你的工作空間？

問題三：在過去十二個月裡，我達成了哪些重要的里程碑？

你是否成功減掉了一定的體重？在工作上是否獲得了升遷？你是否學會了哪個新語言的基礎對話技巧？是否每個月都閱讀了一本有助於個人成長的書籍？

這項日誌練習能幫助你聚焦於自己完成所設定目標的能

力上。每當你挑戰自己、嘗試走出舒適圈時，它都能激勵你相信自己。

》所需時間：30 分鐘。

步驟六：重述你的敘事身分

「我們不是由發生在我們身上的事情所定義，而是由我們渴望成為的樣子所塑造。」

——卡爾・榮格（Carl Jung）

你的大腦為你編織了一段關於自己的敘事，源自你生命中曾經歷的、以及你所想像會發生在你身上的所有事件；其中包含你遇見的人、曾經面對的問題、經歷過的情境，也融入了人物曲線、主題與情節。

這就是所謂的「敘事身分」，深刻影響你對自己的認知；它可能激勵並鼓舞你實踐大膽思考，也可能消磨你的自信與熱情。

大腦藉由發展出這段敘事，來幫助你理解自己的人生，並解讀過去發生在你身上的每一件事，在你的未來可能隱含的意義。你的人生會走向何方？你注定成功或失敗？你會創造非凡成就，還是必然過著平庸的生活？

然而，眞正需要注意的重點，在於這段內在敘事只是一個故事而已；它雖然是自傳性質，但就像那些「根據眞實事件改編」的電影一樣，它並不完全忠於事實，因此也不是絕對可靠。在這裡，最重要的是——

你可以重新敘述自己的敘事身分。

你的故事不是固定不變的，你的潛力也尚未被定義；隨著每天經歷新事件、結識新朋友、學習新技能、冒險嘗試新事物及克服新的挑戰，你的故事會持續不斷地演變。當你的自我信念轉變與成長時，你的敘事也會隨之改變。

這是個極好的消息，因爲它賦予了你掌控的權力；它讓你坐進駕駛座，按照自己期望的方式，重新書寫你的故事。

如何重塑你的敘事身分

如果你希望改寫內心所述說的那套關於自己的故事，就需要重新檢視塑造這段敘事的經歷；仔細回顧這些事件，深入思考與質疑。在你親身經歷這些事情的當下，情緒可能會影響你對它們的解讀。現在重新審視，能讓你有機會從全新角度看待這些經歷，並以更客觀的視角來觀察。

如此一來，你將能更清楚地判斷大腦所編織的故事主題是否眞實可信，也能辨別它對這些事件所賦予的意義、以及你從中汲取的教訓是否合乎邏輯。如果這些解讀與事實不符，那麼你有權利對它們提出質疑。

這就是重塑敘事身分的方式。透過這個過程，你就能夠將自己從失敗與不足的感受泥沼中解放，重新編寫一個由自主性與自我賦權激勵的故事。你不再被挫折與沮喪的自我形象束縛，而是開始相信自己擁有無限可能。

請回想那些你以負面視角看待的關鍵時刻，像是那些你必須做出重大決策，結果卻未如你所願的人生十字路口；那些本應促使你向前邁進，你卻未能達成的里程碑；以及那些深刻影響你敘事走向、甚至至今依然讓你裹足不前，對追逐夢想感到卻步的轉捩點事件。

深入探究這些時刻，問問自己你對這些經歷的看法是否合乎邏輯，還是有其他觀點，能夠更合理地解釋這些事件？你對這些事件的解讀與從中汲取的教訓是否值得信服，或是你其實能從中找到其他有助於形塑更正面自我形象的啓發和見解？

舉例來說，假如你在多年前曾立志創業，但最終放棄了這個計畫，而你的內心將這段經歷與懶惰、無能或失敗的感覺互相連結；這些負面情緒就會形塑你的自我敘事，並且影響你對自我身分的認知。

但是，這樣的解讀眞的合理嗎？

你當初會延後創業，有沒有可能是因爲那時的你正專注於職涯發展，努力尋求晉升的機會？還是你才剛剛成家，需要投入大量精力與關注？還是在分析了自己當時的情況之後，你決定依現實處境與可用資源選擇等待時機？

這些不同的觀點能構建出截然不同的敘事，而這些故事的主題，凸顯出的是你對成功的企圖心、對家庭的忠誠，以及做出理性決策的能力；它們挑戰了你的大腦對此事件的負面解讀，幫助你將過去轉化為更正面、更鼓舞人心並充滿啓發的故事。

當你重新回顧過去的經歷時，就會有能力改變對它們的看法。你得以打破那些馬上就針對自己失敗與不足的負面內心對話，取而代之的是強調自身能力、才華、成長潛力與成功可能性的全新故事。

藉由改變你內心的對話，來重塑自我形象

你的內心聲音或許像個有毒的夥伴，不斷指出你的錯誤、質疑你的能力，甚至在各種場合妨礙你。如果有哪個朋友或同事對你這麼刻薄，你一定早就和對方絕交了吧。

可惜的是，你無法與這個惱人的夥伴分道揚鑣，就像人不可能甩開自己的影子一樣。但好消息是，你可以學會不受

它的毒性控制，甚至將它轉變成支持你的盟友；你可以用正面的內心對話取代持續的批判與評斷，來重新塑造你對自己的看法。

首先，請留意每一次你對自己說出負面言論的時刻。別自動忽視，即便你可能早已習慣這種想法。請暫停一下，並且去意識它的存在、認清它的本質。如果你的內心聲音不斷重複同樣的負面觀點，就請把它寫下來。

接著，直接質疑這些負面想法。它真的有道理嗎？有證據可以證明嗎？還是它們只是過度反應或以偏概全的結論而已？你有任何理由可以相信它們的合理性嗎？柏拉圖曾說過：「沉默即代表同意。」不要讓自己內在批評的聲音，在你的沉默中成為既定事實。

第三步是對每一句負面的論述做出正面的回應。舉例來說，如果你內心的聲音告訴你：「你一無是處」，那麼就列出你的成就來反駁。要是那個聲音說：「你不值得被愛」，那麼就想想那些愛你、關心你的人，來與這種想法抗衡。

第四步是專注於自己改變現狀的努力。內心的批評往往只是你現狀的描述而已，但請記住，你的故事還沒有寫到結局；你還在成長、進步、學習新事物，也在一步一步向前邁進。所以，如果你內心的聲音告訴你：「你很胖」，那就回應自己正在採取行動改變現狀；要是它質疑你沒讀過書，就以你正計畫努力取得學位來反駁它。

隨著時間的流逝，你會發現自己的自我形象逐漸轉變；你將開始專注在自己的能力與潛力上，而不是一味執著於缺點與不足。你的自信心和自我信念會隨之提升，也不再被大腦與內心聲音所編造出的虛假敘事束縛。

最終，你會創造出一個嶄新的敘事，一個充滿未來新機遇與無限可能性的全新故事；這段故事將隨著你的成長而不斷發展，且不會由於過去經歷的錯誤解讀而備受阻礙。

練習六

在這項練習中，你將發想出一段具有前瞻性的個人敘事，內容涵蓋你的抱負、價值觀、希望與夢想，以及你期望自己在追求這些目標時，能夠培養出來的人格特質。這段敘事將描繪出你想成爲的那個人，並定義你的理想自我。

這並非一部虛構的作品，而是一份充滿樂觀願景的藍圖。

第一步，請列出影響你行爲、決策與行動的十項核心價值觀，這些是你的基本原則。

接著，寫下你最重要的五個長期目標，這些是你內心最渴望實現的理想與抱負。

最後，思考並記錄你希望培養的人格特質，這些特質應與你的價值觀和對自己的期許相符。以下是一些範例：

- 勇氣
- 創意
- 毅力
- 同理心
- 自律
- 心理韌性
- 專注力
- 領導力
- 自信果敢
- 決斷力
- 耐心

這個步驟是最有趣的部分：請運用你的想像力，依據你所列出的內容，打造一個全新的自我形象。想像自己具體實踐了你的價值觀與原則，並以它們來引導你的行動和決策。於此同時，也請想像你正在培養並展現出自己理想的人格特質。

這個新形象將與你目前敘事身分中的自我形象不同，但這正是此練習的目的，幫助你逐漸擺脫那些不公正、缺乏根據的舊敘事，並建立一個源自於想像可能性的新敘事；這個敘事會更加正向、樂觀、自信，且充滿包容。

它將激勵你擴大思考的格局，並相信自己的雄心壯志是可以實現的。

》所需時間：25 分鐘。

步驟七：
培養「積極行動，目標明確」的習慣

「無所作為只會帶來懷疑與恐懼，行動則能培養自信與勇氣。要想克服恐懼，就別只是坐在家裡胡思亂想，出門找點事做吧。」
——戴爾・卡內基（Dale Carnegie）

這就是成功的祕訣。

即便實踐大膽思考的核心在於將眼光放長遠、設定崇高目標並想像自己能取得卓越成就，但如果不將計畫付諸行動，那麼一切都不會發生。在你採取目標明確且持續不懈的行動之前，一切都不會發生。這正是夢想和成功的差異所在；行動是將幻想變爲現實的關鍵，也是把抱負轉化爲具體成果的途徑。

然而，採取目標明確且持續不懈的行動所帶來的好處遠不止如此；行動會帶來前進的動力，因爲每一步的進展都會促成更多的行動，逐步累積成更大的成果。此外，行動能幫助你減輕恐懼、化解自我懷疑；主動採取行動能讓你的注意力集中在達成目標上，而不再爲未知的事物感到焦慮。更重要的是，行動能帶來寶貴的經驗和啓發，這些只有在實際執行中才能獲得，也是你持續成長與進步的基石。

對大多數人而言，持之以恆地採取目標明確的行動並不容易；這不是與生俱來的能力，何況相較於面對積極行動所伴隨的風險，什麼都不做感覺起來舒適得多。

正因爲如此，我們才需要養成「採取行動」的習慣；行動對我們來說實在太重要了，我們不能只依賴心血來潮的動力來推進。當以目標爲導向的審慎行動成爲習慣之後，你會覺得自己充滿熱情與樂觀，也更容易邁步向前，而不是總有自己招架不住或準備不足的感覺。

有了目的，大膽思考就不再那麼遙不可及。

你為何避免採取行動

想要養成行動的習慣，首先需要認清那些阻礙你前進的障礙，包括那些曾讓你遲遲不願採取果斷行動的思考模式和心理傾向。以下是幾個常見原因，其中有些我們之前已經討論過了，只是換了不同的情境而已：

過往的失敗——你曾經創業卻以破產收場；你投入過一段感情，卻以心碎告終；你曾在工作中積極爭取表現，結果卻搞砸了，並因此失去升遷的機會。這些經歷讓你對自己失去信心，也開始懷疑積極行動是否值得。

害怕自己不夠好——你擔心自己無法勝任任務，並為自己是否具備必要能力而感到焦慮。這種恐懼讓你陷入停滯，無法採取行動。

冒牌者症候群——你將過去的成就歸因於運氣或其他外部因素，覺得自己的成功並不名副其實，甚至害怕其他人會發現自己是個冒牌貨；這種擔憂使你卻步，不敢向前。

在意他人的意見——你擔心家人、朋友或同事對你的看法，害怕他們不認同你的目標與決定。你渴望得到他人的認可，否則就遲遲不敢行動。

缺乏專注——你經常分心，思緒不定；面對太多選擇時，不確定自己該把注意力放在哪裡。你很想做點什麼，卻不知道從何下手。

完美主義——你追求無懈可擊，害怕犯錯或忽略細節，擔心因此釀成後果。為了達到完美，你對自己施加沉重的壓力，而這種期待卻讓每個行動都變得令人卻步，導致一再拖延。

執著於完美時機——你一直在等待行動的最佳時機，期待天時地利人和一切都準備就緒，才願意開始執行計畫。你小心翼翼地等待最理想的條件伺機而動，以求盡可能提高成功的機會、降低失敗的風險。然而，這種時機卻從來不曾出現，因此你也始終踏不出第一步。

這些原因之中，有沒有哪一項格外符合你的情況？或者是有任何一點尤其讓你感到侷促不安？有的話也不用擔心，我會引導你一步步培養「積極行動，目標明確」的習慣，幫助你突破這些阻礙。

如何培養行動習慣

在一開始，最重要的是先調整你對努力成果的期望。任何努力都無法保證一定成功，即使成功眞的到來，通往成功的道路往往充滿了挫折與挑戰。你必須預見這些問題，並爲它們做好準備。唯一可以確保一路順遂的方法，就是等待完美的條件和確定的結果；然而問題在於，如果你一直等待這些條件，就永遠無法跨出第一步。

一旦設定了自己的期望，就請全心積極地投入，並且下定決心採取目標明確的行動；這聽起來簡單，但卻是容易忽略的關鍵一步。如果在一開始沒有做出這項承諾，當事情發展不如預期時，你很可能會輕易動搖，甚至選擇放棄。

做好這些初步準備能幫助你進入正確的心態，爲接下來的行動打下基礎。現在，我們將分享幾個每天都能實踐的方法，幫助你建立並強化行動的習慣。

清楚思考你的最終目標

我們很容易遺忘自己眞正想要的結果，也很容易忘記當初爲什麼選擇這麼做。這個方法可以讓你避免在細節中迷失方向，以致忽略了整體目標。

請每天抽出一點時間，思考自己想達成的成果，最好可以一天提醒自己好幾次。花點時間，用清晰的思緒去琢磨你的目標：你確切想要實現的是什麼？對你來說，成功是什麼樣子？感覺如何？它將如何改變你的生活？你愈是以清晰明確的方式去思考這些問題，你的最終目標就會顯得更加具體且眞實。

設計一份詳細的行動路線圖

如果你想採取有意義的行動，首先必須明確知道自己該做些什麼。因此，你需要一份路線圖，爲你指引通往成功的明確道路；這份路線圖應該納入你需要採取的每個步驟，來幫助你實現所設定的目標。

以最終目標爲導向，並列出達成目標所需要採取的行動清單。別擔心行動過於微不足道，事實上，行動愈小愈適合；小型任務和大型任務不同的地方，就在於它們可以立即執行，以培養行動的習慣而言，這再適合不過了。

舉個例子，假設你想創業，就必須研究與驗證自己所構想及提供的產品或服務，並且需要評估競爭情況，了解市場需求；此外，你還需要規畫行銷、打造品牌、營運及財務相關的計畫，也得將法律事務納入考量，包含選擇公司組織型態與申請營業執照。同時，你還需要考慮招聘員工、接洽潛在供應商，以及如何提供良好的顧客服務等相關事宜。

這些任務步驟繁多，讓人望而生畏，甚至可能讓你感到無所適從、無從下手。

這時候，請把這些複雜的事項拆解成幾分鐘內就能完成的小任務。舉例來說，在研究並驗證創業想法的過程中，你可以先從以下幾項簡單的具體行動開始：

- 上網搜尋與你計畫提供的產品或服務類似的企業，將相關網站加入書籤，方便日後檢視。
- 研究搜尋引擎的關鍵字，了解在 Google 上名列前茅的難度。
- 詢問朋友、家人或同事，看他們是否對你打算提供的產品或服務感興趣。

• 瀏覽線上評論平台（例如 Yelp[8]、Amazon 等），找出常見的客戶抱怨或痛點。

• 在社群媒體上設計簡單的投票，了解大眾的興趣。

• 利用 Google Alerts 來隨時掌握與你的構想相關的趨勢。

• 訂閱與你的構想相關的電子報或雜誌。

在創業初期，你會面臨數十項需要處理的任務。若能像這樣將目標拆解成簡單的小步驟，你就等於得到一張選項充分的清單，上面都是只需幾分鐘就能完成的小事。任務愈簡單、完成速度愈快，你就愈能受到激勵想把它們完成。

每天完成一個任務

現在你手上已經有了一份詳細的行動路線圖，也已經把最終目標拆解成一連串能夠推動進度的小步驟了；你清楚知道自己需要完成哪些具體事項，才能實現目標。

接下來，請承諾每天至少完成清單上的一項任務；將它寫進行事曆中，並分配一個短時間段來進行，例如十分鐘。

8. 譯注：Yelp 於二〇〇四年由前 PayPal 員工在美國舊金山創立，是全球性的線上評論網站及 App 應用程式，使用者可以在上面分享對商家、餐廳、服務等方面的評價，於二〇一五年進軍台灣提供繁體中文服務。

早晨是很理想的時段，因爲這通常是你意志力最強的時候。無論你決定安排在什麼時間點，每個任務都應該簡單到不會干擾你的一天。如果有哪個任務看起來不是幾分鐘就可以完成的，那麼請再進一步拆解。

舉例來說，假設你需要訪談親友或同事，來了解他們對你產品或服務的興趣；要是這件事預計需要一小時的話，請再把你想要訪談的對象逐一列出，將任務拆解爲多次短時間的訪談，每次只需幾分鐘。

突然之間，你不再只是空想目標而已，而是開始踏出渺小的步伐向它邁進。即便你正在完成的任務看起來離目標還很遙遠，但你每天都在採取行動——有計畫的行動；而你正在把行動變成自己日常習慣的一部分。

這正是你培養和強化這個習慣的方法，也是確保你能夠堅持下去的重要步驟。

隨著你逐漸養成採取行動的習慣，你可能會開始想要一天完成不只一項任務；如果有這樣的衝動，就順勢而爲，試著每天完成兩項、接著再完成三項任務。你已經有了詳細的路線圖，節奏由你決定。最重要的是，你正在培養一個非常關鍵的習慣，對你想要實踐宏觀的思考有極大的幫助。

練習七

選擇一個小目標，並將其拆解為一系列可以每天完成的小步驟。

舉例來說，假設你希望培養固定運動的習慣，那麼你可以將目標分解如下：

- 選擇你想進行的運動類型（例如有氧運動、柔軟度訓練、肌力訓練、增肌等等）。
- 探索可能的選項（例如瑜伽、游泳、跑步、高強度間歇訓練等）。
- 確定運動時間（例如早上六點到七點、晚上六點到七點……等等）。
- 決定運動地點（例如健身房、自家車庫、附近的公園等）。
- 了解你選定的運動，並學習如何正確進行。
- 選擇一套追蹤系統，來記錄每次運動的數據（次數、重量等）。
- 找一位「運動夥伴」來相互激勵。

請注意，這些任務的每一項都能在短時間內完成，有些甚至可以進一步拆解，例如你可以每天只研究一種運動，不必一次研究好幾種；你甚至能把這個過程分散到幾天內進行，例如在看示範某特定動作的教學影片時，一天只要看一部就夠了。

重點在於你爲自己打造了一條容易遵循的路徑，讓你能夠持續採取行動，朝著目標邁進。任務愈小，你就愈有可能每天執行。

》所需時間：20 分鐘。

步驟八：打造你的後援團隊

「只和能讓你積極向上的人為伍。」

——歐普拉・溫芙蕾（Oprah Winfrey）

訓練自己的心智追求宏觀的思考不應該是一場孤軍奮戰的旅程；即使你懷抱遠大的夢想，也不代表必須獨自前行。相反地，這段旅程應該融入他人的參與。

你需要與那些會鼓勵你追求非凡成就的人分享願景。面對會在你遇到挫折時爲你打氣、並在你達成重要里程碑時與你一同慶祝的人，你也會想向他們述說夢想。

這些人會構成你的後援團隊。當你情緒低落時，他們會爲你加油打氣；當你邁出重要一步時，他們會爲你喝采，激勵你繼續前行；當眼前的緊急事務可能讓你分神時，他們能幫助你找回初心。

許多人往往低估身邊支持者的重要性。你甚至可能覺得依賴他人是一種軟弱的表現，認爲這代表你在某些方面有所不足，或者不夠出色。然而，事實正好相反；向他人尋求鼓勵、洞察、靈感和專業知識，反而是個人和專業成熟的表現。

簡而言之，建立一個堅強的後援團隊會是你成功的關鍵，但你必須愼選成員。

後援團隊應該要有哪些成員？

基本上，任何眞心希望你成功的人都值得納入名單，包括你的伴侶、孩子，以及其他支持你的家人；也可以包括朋友、同事、鄰居，甚至是你在最喜歡的社群媒體平台上結識的網友。他們樂於分享你的勝利，也會在你遇到困難時即時給予鼓勵。

然而，為了打造一個全面的後援團隊，你還需要找到一些能扮演特定角色的人；因此，你可能會需要在上述群體之外，另外尋找合適的人來擔任。以下是四個最關鍵的角色，以及他們各自的職責：

1. 責任夥伴——這位夥伴會定期與你檢視進度，確保你保持在正確的軌道上。他們會詢問你的進展，並鼓勵你達成階段性里程碑。他們會提醒你記得自己所承諾投入的目標，也激勵你採取必要的行動以將其實現。你的責任夥伴會聆聽你的擔憂，但他們這麼做的目的，在於幫助你繼續前進。

2. 前輩——這位前輩將根據自身的經驗，包括他們曾經犯過的錯誤，提供建議和見解。他們已經達成你渴望實現的成就，因此能夠協助你規畫通往類似成果的路徑。他們會基於他們的洞見提供具建設性的回饋，幫助你避開自己曾遭遇的風險。他們是你的學習榜樣，你必須給予信任與尊重。

3. 教練——教練會幫助你保持樂觀和熱情，讓你專注於達成里程碑及實現目標。他們會激勵你提升生產力，協助你更有效率地管理時間，讓你完成更多事情。在面臨挑戰時，他們會幫助你保持心理韌性；當一切進展順利時，也會與你一同慶祝。教練會鼓勵你在挫折中維持成長型心態，並幫助你透過解決問題來建立自信。一位好的教練還會敦促你在理想抱負與目前的生活品質之間取得平衡，以免你因爲追求目標而忽略了生活的美好。

4. 志同道合的人——這些人同樣渴望達成你想實現的成就；他們也面臨著相同的困難，因此能深刻理解你遭遇的挑戰與挫折。他們對你所體會的情緒能夠感同身受，因爲他們也經歷過同樣的情緒。他們知道你這一路在成功與失敗中的心情轉折，因爲他們也正在經歷這些過程。這群人不僅能和你分享成功的喜悅，也會在低落時爲你分擔苦惱，並且藉由共同的經歷來激勵你繼續向前邁進。

在你的後援團隊中，有些人可能同時扮演多個角色。舉例來說，你的責任夥伴可能具備身爲前輩所需的知識、經驗和洞見。這樣的組合往往會很有利，因爲它能夠激發更深層的信任感與責任感。

此外，由多位成員共同擔任一或多個角色也是可能的，例如，你的前輩與教練可能與你擁有相同的價值觀與信念，甚至抱持著相似的目標；這也能夠促進團隊之間的合作與情誼。

這四種角色，再加上以家人、朋友、同事以及其他支持者爲基石的強大後盾，正是你實踐大膽思考與追求遠大志向的關鍵。若把這些納入考量，你會如何打造自己的團隊呢？

如何打造你的後援團隊

首先，仔細思考你需要哪些類型的支持來實現夢想。你也許需要財務支援，例如貸款、投資或其他形式的資金來源；你或許需要情感支持，在面臨挫折或感到沮喪時有人可以傾訴；你也很可能需要建議，尤其是在解決困難或做出重大決策時。你會需要有人給予建設性的意見，幫助你精進策略並做出最適當的調整；你也需要有人協助確認自己保持在正確的軌道上。

若你認識哪些人已經達成你想實現的目標，不妨請他們集思廣益，協助你打造後援團隊；邀請他們共進午餐，並請教他們的經驗和建議。

確定所需的後援類型後，就開始打造你的團隊，從親朋好友開始。請和他們分享你的志向，並說明你可能偶而需要他們的情感支持。並不是每個人都願意以這種方式協助你，但沒有關係；提前了解這一點，比起在你需要依靠的時候，卻發現他們無法提供幫助要好得多。

接著，再思考你人際圈中的其他人；或許你已經認識哪些人，適合擔任我們之前討論過的幾個角色了。

舉例來說，如果你想創辦一間由多位合夥人組成的律師事務所，你是否認識已經成功經營這類事務所的律師？或者，你是否認識在其他行業中成功經營合夥公司的人？他們可以爲你提供設立和經營這種公司型態的寶貴見解。

你也可能認識一位願意幫助你保持責任感的人，這個人也許是你的好朋友、過去的合作夥伴，甚至可能是你僅透過社群媒體認識，但未曾眞的見過面的人。

又或者，你身邊可能有一些已經在各自領域取得成功並退休的同事。即使他們的專業領域與你的目標無關，還是可以成爲你的教練；因爲他們深知成功所需的條件，也十分熟悉隨之而來的挑戰。

在身邊親近的人際關係都已經盤點過了之後，請開始拓展你的圈子。例如，你可以參加與自己的目標相關的會議和研討會，來結識志同道合的人；你可以加入專業組織，或在Facebook和LinkedIn上和具有相似興趣和抱負的人交流。你還可以聯絡學校的校友，尤其是那些與你有相同學術背景的人；和同部門或同公司的同事聊聊，你或許會發現他們的抱負與你一致。請你認識的人，幫你介紹他們認識的人。

以上的方式都是很好的機會，得以幫助你找出並招募適合加入你後援團隊的人。某些方法可能會讓你感到不自在，尤其是要你主動結識新朋友時。然而，一旦你與他們建立信任和融洽的關係，這種不適感自然會消失。

如何面對不支持你的人

和其他人分享目標的風險之一，就是可能遇到不支持你的人。他們的不支持可能會以各式各樣的方式表現出來：有些人無法理解你爲何想要實現你正在努力的目標，有些人表現得毫無興趣或漠不關心；有些人的態度就是憤世嫉俗或者悲觀，甚至有些人會刻意打擊你。

造成這些反應的原因千差萬別，從冷漠到嫉妒皆有可能；但重要的是你與他們互動的方式，應該要讓你能繼續維持宏觀的思考，而不危及你的樂觀和自信心。以下有三個策略可以幫助你。

策略一：接受他們的不支持

當親友對你的計畫感到困惑或冷淡時，你可能會急於說服他們支持你。因爲你對自己的夢想充滿熱情，自然也希望他們能與你一樣感到興奮；但事實是，這往往只是在浪費你的時間和精力而已。

請接受別人可能無法理解你，也承認他們或許對你想要成就什麼毫無興趣；接受他們無法以你期待的方式支持你。一旦你選擇順其自然，就能將時間和精力專注在更能爲自己帶來正面影響的地方。

策略二：設立溝通界限

一旦你識別出生活中那些不支持你的人，試著避免與他們討論你的計畫和目標。要是他們主動問起，就輕鬆轉移話題；如果他們繼續追問，坦率地告訴他們你不想談論自己的抱負，因爲他們已經表明不支持了。

他們可能會感到震驚或覺得受到冒犯，但沒關係；你只需要負責以優雅、尊重和得體的方式溝通即可，不必爲他們如何接受和回應你想傳達的訊息負責。

策略三：專注於自己的群體

你已經建立了自己的後援團隊，這一小群人各自扮演了明確的角色。此外，你也會認識或遇到一些雖然不在團隊中，但在某方面與你志趣相投的人。他們也同樣是大膽思考的擁護者，即便目標可能與你完全不同，但卻擁有相同的熱忱與動力；他們和你一樣感到興奮和熱情。這些人和你屬於同一個群體，他們就是你的社群。

你會和他們分享想法，彼此鼓勵，也會發現他們的能量很有感染力。當你花愈多時間與這群志同道合的人相處，那些不支持你的人自然就不再是你的煩惱。

在下一部分中，我們將更深入探討這個主題。

練習八

這是一個腦力激盪練習，目的是鼓勵你盤點自己所擁有的資源，找出適合擔任上述四個角色的人選。

你喜歡的話可以用傳統的紙筆來做練習，但我建議以數位方式進行，這樣不僅記錄起來更方便，也可以根據需要隨時調整人名。

請新建以下四個欄位標題：

1. 責任夥伴
2. 前輩
3. 教練
4. 志同道合的人

在每個欄位寫下你認為可能適合擔任該角色的人選。從親朋好友開始，再把這份可能的清單拓展到你的熟人、同部門或同公司的同事。接著，也別忘了把以前的老闆、教授、合作對象和商業夥伴列入考慮。

一旦現實生活的人選都審視完一輪之後，再想想看從網路上認識的人，包括你在社群媒體網站、論壇和其他線上社群中互動的人。

接下來，請考慮那些你不認識但可以輕鬆聯絡到的人，這可能包括當地的商業領袖、專業協會的成員，以及朋友的朋友。記住，只要有人引薦，就有機會為你的後援團隊找到理想人選。

最後，主動與名單上的人聯絡，誠懇地邀請他們加入你的團隊。別拐彎抹角，要清楚、簡單且真誠，這樣很快就能看出誰願意提供幫助。

這裡有個小提醒：不要假設別人不願意參與。除非你確定某人無意加入，否則只要他們符合你的需求，都應視爲可能的人選。擔任責任夥伴、教練或前輩對許多人來說可能會是一段充滿成就感的經驗，如果知道有人在尋求這樣的協助，大多數人會非常樂意參與。所以，提出邀請，讓對方自行決定如何回應。

》所需時間：20 分鐘。

步驟九：與成功的大膽思考者（Big Thinkers）爲伍

「改變自己最快的方法，就是與那些已經成為你希望成為的人往來。」

——雷德·霍夫曼（Reid Hoffman）

勵志演講者吉姆·羅恩（Jim Rohn）曾說：「你是與你最常相處的五個人的平均值。」這句話雖然簡化了他人對我們決策和行爲的影響，但仍然有其道理。我們身邊最親近的人確實能左右我們的態度與行爲；儘管我們珍視自己的獨特性，但在與擁有相似經驗、信念和抱負的人共處時，也常會在不知不覺中受到他們的影響。

這種影響可能透過多種方式呈現，既可能是負面的，也可能是正面的。例如，它會導致像是旁觀者效應這類的行爲，當有其他人在場時，人們對有急需的人伸出援手的意願反而降低。同樣的，這種影響也可能以同儕壓力的形式出現，導致一連串錯誤的決定和自我挫敗的行爲。

然而，這種影響也可能成爲個人成長和成就的催化劑。當你與成就非凡的人長時間相處時，會開始潛移默化地採用他們的思考模式和觀點。他們的熱情會影響你、他們的自信會帶給你啓發，而他們的樂觀則具有強大的感染力。

我的朋友戴爾就是一個完美的例子；他充滿熱忱、自信又樂觀，更是目標導向的擁護者——因爲光是態度積極並不足夠。他是個大膽思考者，對於付諸行動也很投入；我親眼見證他從零開始創辦多家公司，其中之一更成爲收入達到七位數的企業。他的進展和成功，彷彿就是靠著他強大的意志力而成爲現實的。

戴爾深深地影響了我的心態和態度[9]。與他共處的時光幫助我擺脫了憤世嫉俗、悲觀與畏縮，轉而對自己能夠實現的成就充滿希望、理想與勇氣；他的大膽思考精神，激勵了我自己的大膽思考。

然而，這不只是在培養積極心態和勇於嘗試的精神而已。當你與成功的大膽思考者爲伍時，還能獲得許多具體、實用的收穫。

---

9. 作者注：偶而在我沒那麼謙虛的時候，會竊喜著自己似乎也對戴爾產生了類似的影響。戴爾是我後援團隊的一員，而我也是他後援團隊的一員。這種互惠關係，正好證明了身邊有支持者的價值與重要性。

為什麼你應該與成功的大膽思考者為伍

在前一章中，我們討論了前輩在後援團隊中扮演的重要角色。這些人在各自的領域中表現卓越，能夠提供寶貴的洞見和來自艱辛經驗的智慧。然而，即便他們不是你正式團隊的一員，你仍能從與他們的互動中獲益良多。

與成功人士往來，會幫助你用更廣闊的視野看待事物。你會以不同的方式詮釋挑戰、提出更具創意的解決方案，並發現過去未曾察覺的機會。

高成就者往往也傾向於果斷決策，他們很少拖延，也不會猶豫不決。他們能有效分析情況、評估資源，並且採取目標明確的行動。與這樣的人相處，會潛移默化地促使你養成同樣的行爲習慣。

同時，成功的大膽思考者還能幫助你微調自己的期待。他們會分享自己成功經驗的細節，以及這些成功對他們造成的影響——有時可能與你原先想像的截然不同；他們也會討論失敗，以及這些經歷如何促使他們調整策略與觀點。聆聽這些故事不僅能改變你對成功和失敗的看法，也能在你追求目標的過程中，形塑你對成功與失敗的詮釋。

高成就者還擁有豐富的人脈資源，他們可以引薦你進入更廣闊的社交圈，裡面的人能爲你提供建議、見解，以及豐富的資源。這樣的介紹可能會產生漣漪效應，因爲人脈愈廣，就愈能夠幫助你建立更廣的人際關係。

此外，成功的大膽思考者也能幫助你提升社交技巧。他們的成功通常是──或至少有部分是來自於他們的人際關係；他們知道如何與他人互動，以及如何啓發、領導與溝通。他們懂得如何建立信任、解決衝突、提出關鍵問題並仔細傾聽回應，也擅長合作與激勵他人。你在與這些人共處時，就會學到這些技能；直接觀察他們的行動，是向他們學習的最佳途徑。

總結來說，與高成就者爲伍能有效改善你的心態與態度。不僅如此，你還會發現他們往往對你的目標和抱負抱持非常支持的態度。不過，正如我們前面討論過的，與這些人建立並培養關係帶來的好處遠遠不止於此。問題在於，你該如何接觸到他們呢？

如何接觸成功的大膽思考者

接近那些成就非凡的人或許會讓人感到卻步。你可能擔心自己會打擾到他們的生活，甚至不自覺地把自己的成就與他們比較，覺得自己還不夠資格；請不要因此氣餒。

最重要的是要記住，這些顧慮反映的是其實你對自己的看法，對應到的是你的自我形象，而不是那些你想接觸的人對你的評價。畢竟他們對你一無所知，自然也還沒形成任何具體的印象。

當然，你可能會遇到不太友善——甚至令人反感的人，但大多數人都還是親切友善的，他們會樂於了解你的抱負。

我就是在一間咖啡店遇見戴爾的。有好幾個週末，我都在那裡看到他，因此對他產生了好奇。他總是帶著筆記型電腦，散發出濃厚的企業家氣息。後來我才知道，他在保有正職工作的同時，還邊經營著一家成功的公司。

所以有一天，我過去跟他打了招呼；我放下心中的猶豫，鼓起勇氣自我介紹。結果我們開心地聊了很久，也對彼此有了更深入的了解。從那之後，我們開始每個週末都會見面。後來，他辭去了正職，我們就改成每週固定聚會。

那已經是很多年前的事了。雖然現在那家咖啡店已經歇業，但我和戴爾的關係卻愈來愈深厚。他成了我最重要的知己之一，我在遇到困難時，經常會向他尋求建議、想法與靈感。

我的重點是：如果你對想接觸的人感到畏懼，記得提醒自己他們並不認識你（或者說「還」不認識你）；你的擔憂並不會影響他們對你的印象。而且，大膽思考者通常都對他人很感興趣，他們會想要多認識你，了解你的目標和計畫。一旦你們之間建立了信任，他們就可能會成爲你圈子中極爲珍貴的夥伴。

請記住這些提醒，並參考以下幾個技巧，讓你能夠順利接觸高成就者，並與他們建立關係。

簡化你的目標

你的目標只是認識他們，至於後續會發展成什麼樣子，先別想太多；不必急於期待從他們那裡獲得建議、意見回饋或是深入的見解。暫時放下那些提問、拓展人脈或尋求合作的想法，也別抱著期待他們能帶給你什麼好處；你只要專注於介紹你自己就好。

讓目標單純一些，可以幫助你更容易付諸行動。當你只專注於這一個目標時，反而比較不容易受到負面自我對話的干擾。即使你可能還是會有點焦慮，但這種焦慮也比較容易掌控。

調查你的「目標」

在接觸之前，建議做一些功課。他們做的是什麼工作？取得了哪些成就？曾面臨哪些挑戰，又成功克服了？他們的價值觀是什麼？支持的觀點又是什麼？

現代科技讓我們更容易透過網路，了解成功人士的背景。你可以上 LinkedIn 查看他們的職涯歷程，包括曾任職或經營的公司，以及他們擔任的職位；你還可以閱讀他們在部落格、LinkedIn 和 Medium 上面撰寫的文章，觀看他們在 YouTube 上的影片，甚至透過追蹤 Twitter[10] 和訂閱電子報，來了解他們的個性與價值觀。

只要掌握一小段有用的資訊，就足以成為你向一位成就卓越的大膽思考者打開話題的絕佳契機。

計畫你的接觸方式

不要全憑即興發揮或臨場反應，事先計畫好你想說的內容，否則可能會讓你陷入尷尬的境地，例如只擠出一句：「嗨，我是戴蒙。呃，我喜歡你的領帶。」

---

10. 譯注：馬斯克（Elon Musk）在二〇二二年收購 Twitter 後，於二〇二三年七月推出 X 平台取代 Twitter，象徵平台轉型為涵蓋社群、金融等多元服務的多功能應用程式。

列出你想說的重點，保持簡單明瞭。以下是基本的接觸計畫：

- 自我介紹。
- 簡短提到你正在努力的目標。
- 讚賞他們與你的目標相關的成就，即使只是稍微沾上一點邊也可以。
- 表達敬佩之意。
- 詢問以後能不能繼續跟他們交流。

讓我舉個自己寫第一本書時的例子。當時我雖然對寫作充滿信心，但對於如何出版和行銷書籍一知半解；因此我做了一些功課，找到了一位經常登上暢銷書排行榜的多產作家，並寫了一封電子郵件給他（爲了保護隱私，我更改了他的名字）：

克里斯你好：

我是戴蒙，一名新手作家，目前正在撰寫我的第一本書，也計畫在未來持續創作更多作品。

我讀過你的許多著作，非常喜歡；我也注意到你的書總能登上暢銷書排行榜。對於像我這樣剛起步的人來說，這真是令人佩服的成就。

不曉得你是否願意讓我在準備出版時，向你請教一、兩個關於發行方面的建議？

祝一切順利，

戴蒙

你會注意到，我的電子郵件嚴格遵循了前面概述的基本計畫，簡單明瞭。但它是否奏效了呢？

「克里斯」在幾個小時內（！）就回覆了我，並表示歡迎我之後再和他聯絡。他非常友善熱情，立刻消除了我對主動聯絡他的顧慮。從那之後，我們交流了很多次，他也在寫作和出版方面給了我許多明智的建議。

結論是，不要被接觸成功的大膽思考者這個念頭嚇倒。他們和你我一樣是普通人，也有類似的恐懼與疑慮，面對著相似的挑戰與挫折；而當有人認可他們的成就時，他們同樣會感到自豪和滿足。最重要的是，就像大多數人一樣，他們也喜歡和他人交流，尤其是那些和自己有共通點的人。

要想與他們爲伍，你得先主動跨出那一步。好消息是，這就和培養任何新習慣一樣，練習的次數愈多，愈能輕鬆上手。要是持之以恆地進行，你最後會發現自己身邊圍繞的，都是夢想遠大、目標高遠的高成就者；而這些人帶來的啓發與鼓舞，很可能超乎你的預期。

練習九

這個練習分成三個部分。首先，挑選一位你知道的成功大膽思考者，並在線上多加了解他們；你可以到我們先前提過的網站，例如 LinkedIn、Medium、Twitter 等搜尋他們，接著用他們的名字簡單在 Google 上做一點功課。

接著，依照我之前說的基本計畫，撰寫一封電子郵件，利用你發現的一些關於他們的資訊（最好是某個成就），來引起對方的興趣。

最後，把這封電子郵件寄出去。

最糟的情況頂多是沒有收到回覆而已，但即便如此可能也不代表什麼；或許他們沒看到郵件[11]、現在正忙得不可開交，甚至可能正在度假。如果真的沒回應，你還是可以之後再嘗試聯絡。

這個練習的重點，在於提升你的接觸技巧。如果想打造一個由成就非凡的大膽思考者所組成的穩固人脈網，這些人會激勵你相信自己，並不斷向前邁進。

---

11. 作者注：根據我自己的經驗，我可以告訴你這類事情真的時常發生。多年來，我自己已經遇到過很多次類似的情況了。

步驟十：立即從失敗中得到收穫

「我總是從失敗中學到更多，所以我從不害怕失敗。」
——阿諾・史瓦辛格（Arnold Schwarzenegger）

失敗雖然是嚴苛的老師，但若你願意接受它的教誨，它會讓你變得更有韌性、更具自覺、更加創新也更堅毅。它能讓你知道哪些方法行得通、哪些不行，促使你反思結果，並檢視導致這些結果的決策和行動；它甚至能激發你的靈感，鼓勵你去探索並嘗試新的策略和計畫。換句話說，失敗其實是一種回饋，能幫助你在生活的各個層面持續改進。

然而，若想充分發揮失敗的價值，就得善加利用失敗。你必須盡快採取行動，否則這類寶貴的教訓、洞見與反思的動力只會逐漸消逝；而且個人成長和發展的機會，也將隨著時間流逝而減弱。

本書強調的一個核心概念，就是意圖明確的大膽思考所涉及的不僅僅是思考而已；它需要的是實際的作爲，是決策以及帶著明確的目的採取行動。正如我們先前提到的，這就是大膽思考和單純的夢想之間的差別所在。

接下來，我將與你分享在結果不如預期時，你該如何運用當下所獲得的智慧與經驗，並告訴你如何充分利用它們，將其轉化爲持續的優勢。

這將是你重新形塑自己如何看待世界與它所呈現出的機會的最後一個步驟，同時也是幫助你重新定義自己的潛能如何達成雄心壯志與非凡成就的最終階段。但在此之前，讓我們先來總結一下失敗能爲你帶來的收穫。

若你願意接納，失敗能讓你變得更強大

從你決定將失敗視爲學習、成長和改進機會的那一刻起，它就不再那麼令人畏懼；你會對自己可能跌跌撞撞、甚至無法達成目標，感到比較釋然。當你以正面態度看待失敗時，它反而成爲一種鼓勵，因爲它教給你的東西，遠比表面的打擊來得珍貴——它不再消磨你的自我價值，也不會損及你的自尊。

反而，失敗會激勵你重新站起來、做得更好，幫助你建立更清晰的思路和意識，讓你變得更出色。它讓你變得：

更具適應力——當你嘗試某件事卻失敗時，你就有機會調整自己的做法，並且能夠藉由嘗試不同的方法來適應；而

且你愈是這麼做，就愈能夠變得靈活、應變能力愈強。

更具韌性——每當你面臨逆境並堅持下去時，你的大腦就會對將來的挫折不那麼敏感；未來的挑戰變得不再那麼令人沮喪，你也會更容易堅持到底。

更有毅力——隨著韌性的提升，你會變得更有決心，勇往直前。你對自己克服困難的能力充滿信心，也訓練自己不斷努力，不輕言放棄。

更有創意——失敗往往帶來需要處理的問題，你必須先解決這些問題後，才能繼續前進。這個過程會促使你嘗試各種可能的解決方案，並鼓勵你接受新的觀點和思考模式，幫助你突破困境。

更善於自省——失敗是一劑治療傲慢的良藥。它讓你意識到自己的弱點、凸顯你的不足，也揭露你過去的盲點。對於擁有成長型心態的人來說，這些洞見都是寶貴的建設性回饋。

更具同理心——當你親身體驗失敗的挫折時，你會更懂得體諒他人在面對失敗時的感受。你會因爲自己的經驗而與他人產生共鳴，並且能夠設身處地給予支持，而不是輕易評判。

更懂得感恩——每次的失敗都在提醒你，不該把成功視爲理所當然。它促使你珍惜自己過去的成就，理解自己在這些成就背後所付出的計畫、努力和創意；同時也促使你反思一路上所獲得的個人和專業成長。

失敗是一位不妥協的嚴厲導師，有時甚至絲毫沒有寬容的餘地；它所傳授的課題艱難且不愉快，但這種教育卻能夠帶來改變人生的回報。如果你善加利用，它們將幫助你實現那些曾經以爲遙不可及的非凡成就。

如何善用失敗

成功無疑比失敗來得更令人愉悅，它能帶來的滿足感、力量感和啓發性都更爲強烈。然而，成功往往不會給你太多個人和專業成長的機會。成功能提供動力，但卻難以讓你對自己的本質有更深層的了解。因爲成功不需要你自我反省，也很少能讓自我覺察更進一步。

相反地，失敗雖然令人失望和沮喪，但也可能成爲你最強大的盟友；以下是一些善用失敗的方法，讓你能立即從中得到收穫。

找出問題所在

當結果不如預期時，請回顧你的過程，找出問題的根源。逐一檢視每個步驟，並試著確認導致失敗的原因。

- 你的目標是否不夠清晰？
- 目標是否過於困難，沒有將現實情況納入考量？
- 你是否忽略了必要的準備工作？
- 你是否低估了成功所需的重要資源？
- 你使用資源的方式，是不是無法長久？
- 你在執行上是否有缺陷？
- 你是否在資訊不足的情況下，倉促做出決定？
- 你是否偏離了已被驗證有效的方法？

失敗總會留下線索。你可能會因爲持續行動感覺起來很有效率，而不自覺忽視這些線索，迫不及待想繼續前進；但請抗拒這種衝動，停下來好好反思。現在就花點時間找出問題的根源，不僅能幫助你避免重蹈覆轍，也能節省大量時間，讓你不再反覆面對同樣的挫折。

識別可控變數

在分析失敗的原因時，你會發現有些因素在你能力的掌控範圍內，但有些卻完全不受你控制。及早區分這兩者非常重要，否則你可能會浪費大量的時間、精力和注意力，為你完全使不上力的事情煩躁不安。

以下是你可以控制的因素：

- 你可以學習的新技能
- 你管理資源的方式
- 你的決策流程
- 你的計畫具體程度
- 你的工作態度
- 你承諾投入的程度
- 你面對挑戰的回應方式

以下是你完全無法控制的因素：

- 天氣
- 經濟狀況
- 他人的決策
- 時機不對
- 政府法規
- 資源取得的難易度
- 文化趨勢

這些只是幫助你區分這兩類因素的幾個例子而已。記住，為那些你無法造成實質影響的事情感到沮喪並沒有意義。

然而，如果這之中的任何一項因素阻礙了你的成功，那麼現在就是把它們找出來的時候。

採取修正行動

如果你在檢討的過程中，發現失敗是由自己可控的因素所導致的話，那你現在就可以根據這些洞見制定新的計畫。舉例來說，你可以：

- 彌補你在知識上的不足
- 擴展你的技能組合
- 調整資源的分配方式
- 找到更好的資源
- 調整你行動計畫的時機安排
- 改善自己追蹤進度的方式
- 改善你的決策過程（例如，如何收集資料、評估選項及評估風險）

研究失敗的原因能帶來寶貴的洞見，但只有採取行動，才能將這些洞見轉化爲你的優勢。

強化你的心理狀態

你的心態對這整段旅程來說十分關鍵。它影響你如何看待自己、自己的天賦、能力以及成功的潛力；它決定你是否認為自己值得成功，也會主導你面對挫折時的反應，進而影響你是選擇放棄，還是堅持下去。此外，心態還會左右你解讀與解決問題的方式。

當你遭遇失敗時，請務必好好照顧自己的心理狀態。對自己寬容，原諒過去的錯誤並放下執念。根據目前的挫折重新檢視自己的心態，在暫停片刻之後，若目標對你仍具意義，就重新投入其中。

現在也正是你強化決心並保持成長型心態的好時機，請再次肯定自己樂於接受挑戰的企圖心，勇敢面對而不是逃避。提醒自己，你幾乎可以學會任何所需的知識，也能夠培養絕大多數必要的技能。

步驟十的這個部分基本上是一個訓練心智適能（mental fitness）的計畫。就像為了強化身體肌肉而進行訓練一樣，你也可以透過這些步驟來強化心理狀態；這會在你追求必然的成功時，產生決定性的影響。

我們在本書中花了大量篇幅討論失敗是有原因的：你看待失敗、解讀它傳遞的訊息，並對其教誨做出回應的方式，將決定失敗對你心態的影響；它將決定你是會利用失敗來增強熱情、動力和韌性，還是放任失敗使你氣餒、動搖決心，甚至消磨你的理想。

你如何應對、駕馭失敗並最終從中得到收穫，是大膽思考的核心所在，也是你正在建立的心理框架的關鍵步驟；它是你訓練自己追求卓越、相信自己有能力學習與適應，並在路途中克服任何障礙的重要基石。

練習十

這個最終練習和練習一相似，同樣分爲兩部分，且都簡單易行。第一部分將幫助你重新定義你對失敗的看法，第二部分則強化這種嶄新的視角。

第一部分

回想一次你嘗試完成某件事，卻未能達成目標的經驗；你的結果無法滿足自己的期待。首先，回憶當時你所感受到的情緒，承認這些感受。你是否感到失望、尷尬、憤怒或沮喪？將這些情緒寫下來。

隨著時間的流逝，你的負面情緒可能已經逐漸減弱，不再帶來強烈的痛楚，因此讓你能以更客觀的角度來檢視這段經驗。

接著，寫下你從這個事件中獲得的五個觀察。舉個例子，假設你和老闆開了一場不太順利的會議，可能是你事前沒料到會有這場會議、準備不足、在開會前沒有設定清晰的目標，也或許是表達得不夠清楚或流於爭論。

這些問題大多屬於可控範圍，因此，你可以調整角度、修改計畫，並採用不同的方法、策略和實行的方式。無論是個人層面還是專業層面，你都可以藉由這樣的經驗成長，甚至得以採取改進的行動。

第二部分

請開始將你每次遭遇挫折或失誤的經驗，都記錄在一本日誌中。每次記錄時，列出三到五項從中得到的體悟。即使是再微小的觀察都值得記錄，不要因為看似微不足道或顯而易見就忽略它們。

每一次的記錄都會強化你對失敗的全新觀點；隨著日誌內容愈來愈豐富，你還可以從中找到激勵與啓發。

最後要注意的是，雖然要是你想的話，你也可以將它命名為「失敗日誌」，但我還是建議給它一個更積極的名稱，例如「成長機會日誌」。

》第一部分所需時間：10 分鐘。

》第二部分所需時間：每篇記錄 5 分鐘。

大膽思考的最終反思

在閱讀《大膽思考》之後，你已經觸及到自身強大力量的源頭；這股力量賦予你主導權，讓你能夠設定更長遠的目標、制定充滿抱負的計畫，並依照自己選擇的方式生活。現在，你已經擁有追求夢想的自主能力，不再覺得自己受限於他人的期望。你也可以自由地專注於自己學習、成長及適應的能力，實現那些目前看來似乎仍然有段距離的成就。

這種對自己才能、優勢、能力和成功潛力的新認知，將爲你帶來全面性的改變：

- 它會重新塑造你的思考模式。
- 它會改變你的態度。
- 它會指引你的行爲。
- 它會轉變你的世界觀。
- 它會促使你重新審視看待自己的方式。
- 它會激勵你重新定義自己是誰，以及想成爲怎樣的人。
- 它會幫助你建立堅定的自信。

無論你是否刻意爲之，你的心態都影響著你生活中的各個層面。它不僅主導了你的日常經驗，也決定著那些對你造成長期影響的情況和條件：

- 它會決定你選擇的目標，以及所能達成的成就。
- 它影響著你的人際關係如何成長和演變──或選擇疏遠的關鍵。
- 它會左右你如何面對有益的回饋和無益的批評。
- 在你面對挫折與挑戰時，它掌控著你的情緒健康。
- 它決定了你的內在批評對你的影響程度。
- 它主導了你如何解讀問題、如何學習和適應，以及如何克服問題。

無論你選擇大膽思考或保守思考，完全取決於你自己。這是個絕佳的消息，因爲這讓你握有自己人生方向盤的掌控權：由你決定自己的目的地，由你選擇自己前往目標的路徑，也由你決定自己的旅程將通往何處，又將在何時結束。

你會捨棄那些無關緊要的事務，放眼長遠，追逐夢想嗎？你是否會在個人和職業生涯中追求卓越的成果？你是否會不斷擴大思考格局，努力追求更寬廣的眼界？

選擇權就在你手中。今天，是你故事的開端，未來將會如何呢？

你喜歡《大膽思考》這本書嗎？

感謝你閱讀《大膽思考》。我知道你的時間很寶貴，因此非常感謝你決定花一小段時光與我共度；我衷心希望你覺得這段時間花得值得。

如果你認爲這本書很有幫助，是否願意考慮在 Amazon 上留下評論？你的評論可以簡短、也可以詳細，隨你高興；要是能寫一兩句話來分享你喜歡的建議或章節，那就更棒了；你的評論不僅對我意義重大，也能鼓勵更多人來閱讀《大膽思考》。

另外，我也計畫推出更多探討時間管理、生產力和生活型態規畫等各種不同主題的書籍。如果你希望在新書出版時獲得通知（通常還會有大幅折扣），可以考慮訂閱我的電子報；訂閱後，你還會收到一本四十頁的《讓你的生產力飆升！養成十大習慣，把更多事情做完》PDF 電子書。

你可以透過以下連結訂閱電子報：

https://artofproductivity.com/free-gift/

我也會在電子報中分享我最精選的生產力與時間管理技巧，包括如何克服拖延、建立晨間習慣、避免倦怠，以及培養極度專注力的訣竅和策略，再加上其他更多的生產力祕訣！

如果你有任何問題，或想要分享對自己的生活有正面影響的技巧、方法或心得，歡迎隨時寫信到：damon@artofproductivity.com 和我聯絡；我會非常樂意聽到你的分享！

那麼期待下次見了，

戴蒙・札哈里斯

https://artofproductivity.com/

附錄

讓你的生產力飆升！養成十大習慣，把更多事情做完

如果你想提升自己的生產力，就需要培養能夠支援並配合自己工作流程的習慣。光是說「我要變得更有生產力！」但沒有建立例行的作息與規範來為成功打好基礎，並不會有實質的幫助。

要能夠長期維持高生產力、而不是偶爾靈光乍現卻無法持續的短暫高效率，關鍵在於專注力、精力和持之以恆的努力。這也意味著你必須為大腦與身體提供必要的養分與資源，才能讓它們每天都能順利運作。

光有決心是不夠的。

舉個例子，假設某人想參加馬拉松比賽；就算他再怎麼有決心，如果不為比賽練習，最終還是無法完賽。馬拉松訓練在正式比賽的幾個月前就會開始，幫助身體適應愈來愈高的挑戰，不僅可以讓身體更適應高強度的負荷，也能在各方面讓心理變得更有韌性。

同樣地，想要提高自己的生產力，也需要經過訓練。你不必每天都跑好幾公里，但一定要養成良好的習慣。這些習慣對你的成功來說非常重要，它們能幫助你的大腦與身體排除干擾，耐受各種挑戰。

若沒有這些習慣為你打好基礎，那麼在你每天想完成更多工作時，都會覺得很寸步難行。

將這些習慣融入你的生活需要時間，就像練習跑馬拉松一樣。人類的大腦天生就抗拒任何形式的改變，而忽略干擾就是一種重大改變；番茄鐘工作法或預留時間段之類的時間管理策略也是如此。簡而言之，當你試圖改變自己對外界刺激的反應時，大腦會本能地抗拒。

舉例來說，假設你養成了每五分鐘就檢查一次電子郵件的壞習慣，這對你來說幾乎已經算是一種成癮行為，但同時你也下定決心要戒掉它。（做得好！）於是你訂下規則，與其每五分鐘就看一次，你規定自己只在每天上午十點和下午五點檢查電子郵件。

你的大腦一定會抗拒；請記住，它極度厭惡改變。但要是你堅持下去，不斷重複這個新習慣，大腦最終就會讓步。如果你能持續幾週，嚴格遵守只在上午十點和下午五點檢查電子郵件的規定，就能贏得這場心理拉鋸戰。

大腦這種抗拒改變的本能，正是促使人們建立習慣，以提升生產力的核心原因之一。這種抗拒無所不在，從你攝取的食物到你的日常行為，隨處可見。

大腦抗拒改變的原因

在介紹這十大能夠讓你達成前所未有生產力的習慣之前，先了解大腦的運作方式非常重要。

爲什麼大腦討厭改變？

其中一個原因是，它會習慣固定的外界刺激。例如，假設你每天傍晚五到七點都坐在電視機前，大腦就會預期你之後也會這樣做。要是你決定今晚不看電視，大腦就會接收到新的外來刺激，亦即任何取代你最愛電視節目的事物。

而每當大腦感應到外來的新刺激時，它就會懷疑是不是哪裡出了錯，並進一步評估這個可能的錯誤是否帶來威脅；於是，「戰或逃」機制就會啓動。雖然你知道選擇不看最愛節目的行爲改變，是爲了達成更高的生產力這個積極的目標——但你的大腦並不知道。

因此，它就會抗拒。

這也是爲什麼養成良好習慣需要時間，你必須持續讓大腦接觸新的刺激，來打破它對改變的抗拒。最終，新的刺激會取代舊的，而大腦的預期也將隨之改變。

這個過程所需的時間取決於兩個因素：

1. 你想培養的習慣是什麼？

2. 你想戒除的舊習慣，在你的生活中已經有多根深蒂固？

現在，你已經了解自己將面對什麼挑戰了，我們就接著探討能讓你的生產力飆升的十個習慣。這份手冊的其餘部分將涵蓋以下十項內容：

1. 早起
2. 起床後立刻開始工作
3. 追蹤自己的時間運用效率
4. 專注在有助於完成高價值專案的工作
5. 建立有效的任務管理清單
6. 堅持健康的飲食習慣
7. 刻意讓自己不容易被聯絡到
8. 維持穩定的 80/20 心態
9. 擺脫完美主義
10. 一次只專注做好一件事

針對上述內容，你可能認爲自己對應該知道的一切，都已經十分熟悉；但我強烈建議你仔細閱讀每一項，並思考這些習慣如何爲你的工作流程與生產力帶來正向影響。我敢說，只要做出幾個簡單的小改變，就能讓你的效率大幅提升。

現在，就從每天早上你起床的時間開始談起吧。

第一個習慣：早起

許多成就非凡的人士都有清晨早起的習慣，這可不是巧合。據說咖啡大亨霍華．舒茲[12]每天四點半起床，太平洋投資管理公司（PIMCO）創辦人比爾．葛洛斯[13]也是。相較之下，「億萬富翁壞小子」理查．布蘭森[14]就真的晚起很多，大約要到五點四十五分才會醒來。而像通用汽車、Apple、迪士尼、百事可樂、Square 和克萊斯勒的執行長們，也都屬於早起一族。

對高生產力的人來說，這個習慣並不罕見；全球知名的許多歷史人物，也都習慣在黎明前甦醒。據說班傑明．富蘭克林（Benjamin Franklin）每天五點醒來，也有部分資料顯示拿破崙在重大戰役期間，甚至凌晨兩點就起身；他可能是歷史上最早實行多階段睡眠的人之一！

---

12. 譯注：霍華．舒茲（Howard Schultz，1953 年生），美國企業家，曾多次擔任星巴克執行長，推動品牌全球擴展與第三空間概念，使其成為國際連鎖咖啡巨頭。
13. 譯注：比爾．葛洛斯（Bill Gross，1944 年生），美國投資人與企業家，太平洋投資管理公司共同創辦人。他專精於固定收益投資，曾主導全球最大債券基金，推動多家科技與創新企業發展，被譽為「債券天王」。
14. 譯注：理查．布蘭森（Richard Branson，1950 年生），英國企業家，維珍集團創辦人，涉足航空、音樂、電信及太空旅行等產業，以敢於創新與冒險精神聞名，曾創多項飛行紀錄。

為什麼這麼多高效人士選擇早起？

雖然理由各異，但大致可以歸納為幾個關鍵重點：

- 清晨時段醒著的人比較少，因此要面對的干擾就更少。
- 能夠更自由地安排自己的時間。
- 一旦剛起床的昏沉感消退之後，大腦就會變得更靈活。
- 他們在充滿干擾與分心事物的正常工作時段開始之前，就能完成更多工作。

如果你是企業主，那麼當其他人仍在熟睡的寧靜時刻，可能就是你一天中最具生產力的時間。

如果你有全職工作，提早幾個小時到辦公室，能讓你有充足的時間準時完成重要專案。

如果你是家長，趁孩子和另一半還沒醒來時起床，能讓你享有難得的個人時間；否則這幾乎是不可能的夢想。

如果你是學生，比其他人早起，能讓你在作業和考試準備上大幅領先。

如果你是作家，起得愈早，能寫下的文字就愈多。

對此，海明威（Ernest Hemingway）提供了這樣的建議，談及成為早起者的好處……

「我在寫書或寫故事時，會盡量天一亮就動筆。這時沒有人來打擾，天氣可能涼爽、可能有點冷；但在開始書寫之後，就會覺得愈來愈暖和。」

早起並不容易。如果你平常都是早上七點起床，那麼要改成五點起床一定會讓你覺得很痛苦不堪。然而，克服這種不適能帶來極大的好處。早起能讓你更靈活地安排一天的行程，還可以給你更多不受干擾的時間，來把事情做完。

考慮到這一點，以下是幾個幫助你養成早起習慣的建議：

1. 把鬧鐘放遠一點，讓你非得離開被窩才能把它關掉。

2. 提早上床睡覺，以補足早起減少的睡眠時間。假設你平常晚上十一點睡、早上七點起床，那麼如果想五點起床，就應該九點就寢。

3. 抵擋按下「貪睡」按鈕的誘惑。這只是在拖延而已，更糟的是，它會讓你的大腦習慣在第一個鬧鐘響起後，還能再睡一下。

4. 建立固定的晨間例行習慣。例如，一起床就先喝杯水，做二十下伏地挺身，然後帶狗出去散步。擁有固定的早晨習慣，能讓你的大腦形成預期，減少對早起的掙扎抗拒。

養成早起的習慣後，你就能理解那些「晨型人」爲什麼常說——他們在早上九點前完成的工作，甚至比很多人一整天的進度還要多！

第二個習慣：起床後立刻開始工作

既然你已經開始早起（請參閱第一個習慣），就必須確保不浪費這額外獲得的時間。早上五點爬起來卻只是窩在沙發上看《陰屍路》重播，這樣根本沒意義。

要充分利用晨間時光，就應該在醒來後盡快投入工作；這裡的「工作」，不一定是指坐在電腦前處理迫在眉睫的專案，而是指一下床就立刻開始你的晨間習慣。

這可以是吃一頓健康的早餐，或是外出慢跑一小段路。無論你的晨間習慣包含哪些內容，都不要給自己賴著不動的機會！人類大腦天生就愛拖延，只要你放任它，它就會偷懶。

因此，我們反而應該一早醒來就先做完幾件事；順利完成待辦清單上的一些事項不僅能帶來成就感，也能為接下來的一整天定下積極的基調。

不過，有一點需要特別注意：不要一早就打開電子郵件或聽語音留言。這些東西很容易讓你無法自拔，結果本來可以用來做其他事的寶貴晨間時光，就這樣浪費掉了。大部分的電子郵件和語音留言根本沒有急迫到需要你在凌晨五點就回覆，讓它們多放幾個小時也無妨；將早晨的時間專注於眞正需要完成的事情吧。

　　這個習慣並不難養成及維持，只要建立固定的例行流程，堅持下去就可以了。值得慶幸的是，你的大腦是可以重新訓練的，你會驚訝地發現它適應得比你想像中還快，能夠跟上你的新步調。

第三個習慣：
追蹤自己的時間運用效率

任何一本值得參考的生產力書籍，都會建議你記錄自己的時間運用情況。在你所擁有的所有資源中，時間是唯一無法挽回的。

一旦流逝，就再也無法重來。

問題在於，大多數人其實都以爲自己運用時間的方式很明智。他們每天按部就班地做事，處理被分配到的工作，並在期限內完成任務。

這就代表他們工作起來很有效率了，對吧？

正如你所知，這種認知往往都只是錯覺。要是仔細檢視，我們很快就會發現許多人的工作日就像一艘正在下沉的船，漏洞百出。時間總是不經意地從指縫間溜走——幾分鐘做這個、幾分鐘做那個，累積起來就等於浪費了好幾個小時。

研究顯示，全職上班族每天眞正的高效工作時間，平均不到三個小時；甚至有些研究認爲實際數字接近九十分鐘。但如果你詢問企業員工是否忙碌，他們幾乎都會說自己每週工時超過六十小時，還得面臨接踵而來的期限壓力。

問題在於，大部分人浪費了大量時間，更糟的是自己卻渾然不覺。

唯有記錄自己使用時間的情況，才能眞正了解自己究竟是如何度過每一天。只有這樣你才能獲得所需的資料，來判斷自己的時間是否運用得當。舉個例子，你可能會發現原本以爲「只是滑一下」的 Facebook 和 Twitter，對你的生產力其實有極大的影響。

最簡單的時間記錄方法

目前有好幾種免費的線上時間追蹤工具可供使用，我最喜歡 Toggl，因爲它既簡單又免費。只要註冊帳號，就可以新增無限多的專案和任務，還可以爲它們分配不同顏色，視覺化的呈現讓人方便管理。

Toggl 的操作方式很直覺，當你準備開始某項任務時，只要按一下大大的紅色按鈕就能開始計時；任務完成後再按一次就能停止計時。

就是這麼簡單。

Toggl 會根據你的帳號設定的分類，幫你記錄每項活動花了多少時間。例如，假設你是一名部落客，你可以建立一個專案來管理部落格相關工作，並在其中設定「找資料」、

「撰寫」和「編輯」等個別任務。這樣一來，你就能深入分析自己的工作細節，例如精確計算編輯文章所耗費的時間。

Toggl 也能讓你查看不同時間範圍內的時間分配情況（例如上週、上個月或自訂的日期範圍），並透過一目了然的圓餅圖呈現數字。如果社群媒體占用了你整整半天的工作時間，這項記錄將讓你無法忽視這個事實。

你還可以建立詳細的報告，以不同格式顯示你的時間運用情況；這裡一樣可以選擇自訂的日期範圍來檢視資料。

說到這裡，你可能會以為我是 Toggl 的老闆，但其實我不是；這也不是業配文（老實說，我甚至不知道他們有沒有這種合作計畫），我只是單純覺得這款工具非常實用而已。

你也能在智慧型手機上使用 Toggl，iOS 或 Android 都可以，使用方式與電腦瀏覽器版本一樣簡單直覺；或是下載 Toggl 的電腦版軟體，不過說實話，我個人從來不覺得有這個必要。

如果你出於某些原因還是不喜歡 Toggl，那也可以試試看其他類似的工具；以下是幾款熱門的替代方案[15]：

- RescueTime

15. 譯注：作者推薦時間管理工具中，目前支援繁體中文介面的只有 Now Then 與 Timesheet。

- Chrometa
- Timely
- Now Then
- Freckle
- Timesheet
- Hours

老實說，我覺得你會跟我一樣愛上 Toggl，但話說回來，多點選擇也沒什麼壞處。當然，你也可以使用傳統的筆記方式來記錄時間，雖然較爲費時，但我確實有朋友堅持使用，並且覺得效果很好。

這一節最重要的概念是一定要養成追蹤時間的習慣，不要以爲自己運用時間的方式已經很有效率；先記錄下來，然後仔細檢視報告，找出可以改進的地方。

第四個習慣：
專注在有助於完成高價值專案的工作

忙碌並不等於高效率，頂多只能代表你有在做事而已。維持高生產力的關鍵之一，就是專注於能爲你的長期目標帶來眞正價值的任務。

舉例來說，假設你是一名旅遊部落客，希望創造五千美元的月收入，以下是一些可能可以直接幫助你月月達標的活動：

- 每週撰寫三篇資訊豐富的部落格文章。
- 進行讀者問卷調查，了解他們想閱讀的主題
- 找出具有高收益潛力的聯盟行銷合作計畫。
- 每月向其他旅遊部落格投稿四篇文章。
- 主動和其他旅遊部落客聯絡，建立人脈。

相較之下，以下這些活動雖然可能有幫助，但對於達成目標的貢獻較爲間接、甚至微乎其微：

- 單純爲了「掌握最新趨勢」而閱讀旅遊部落格。
- 每天花時間經營社群媒體。
- 不斷調整部落格的版面設計。

- 學習「黑帽」SEO 技巧[16]來提升 Google 排名。
- 訂閱並閱讀一堆你看到的每份行銷電子報。

要提高生產力，你必須區分哪些任務能直接幫助你達成長期目標，哪些則影響不大。你的時間有限，應該投入能爲高價值、高優先順序專案帶來最大效益的工作。

我習慣隨身帶著一本小筆記本，當有待辦事項浮現在腦海時，就會立刻記錄下來。但根據我的經驗，很多我當下認爲「應該處理」的事，其實是不必要的。至少，它們的優先順序可以降低，擱置一段時間再說。

通常，當我在幾週後重新檢視這些事項時，會發現其中不少事項對我的目標沒什麼幫助；這時我就會直接把它們從清單上剔除。

關於槓桿效應，帕雷托（Vilfredo Pareto）帶給我們的啓示

帕雷托法則（Pareto Principle），也就是 80/20 法則，與

16. 譯注：黑帽 SEO 是指透過違反搜尋引擎規範的手法，來操縱搜尋引擎的排序機制，目的在於短期內提升網站排名。這些方法可能包含關鍵字堆砌、隱藏文字或連結等；雖能迅速提升排名，但也可能導致搜尋引擎的懲罰，甚至被移除索引。

第四個習慣有著密切的關聯。

你一定聽過這件事：你想達成的成果，有 80% 是來自你 20% 的行動。這表示你現在投入 80% 的時間所從事的活動，實際上對你的目標幾乎沒什麼貢獻。

換句話說，就是你的工作沒什麼效率。

好好花一個小時，仔細檢視你的核心待辦事項清單，思考每項任務能為你的目標帶來多少幫助？完成這個任務會對目標產生多大的影響？你會發現，有大約 80% 的待辦事項，都會被歸類在「幾乎沒什麼貢獻」的那一邊。

請暫時忽略它們，並專注於具有高價值的任務吧。

第五個習慣：
建立有效的任務管理清單

歷久不衰的待辦清單一直是你手邊最實用的生產力工具之一，但同時也是最容易被誤解、最常被誤用的。

信不信由你，但要讓待辦清單眞正提升工作效率，其實是一門學問。許多人使用錯誤的方法來管理待辦清單，然後永遠搞不懂自己爲何總是無法掌控龐大的待辦事項。

如果你也面臨著這個問題，那麼你並不孤單。

問題在於，如果不懂得如何建立有效的任務清單，就很難長時間維持高效率；我會在這一章節教你怎麼進行，以幫助你在日常生活中建立明確的秩序。但在此之前，我們值得先花點時間來理解，爲什麼大多數的待辦清單都沒辦法眞正發揮作用？

主要原因有三個：

首先，大多清單的項目過多。GTD（Getting Things Done，把事情搞定）理論的支持者認爲，無論多瑣碎的任務都應該記錄在清單上，因爲這樣可以將它們從腦海中釋放出來，使人能夠專注於當下正在進行的工作。

這樣的說法也確實有其道理，要是放任數百件待辦事項長時間在大腦中遊蕩，人的注意力就會逐漸被分散，也更容易導致某些任務被遺漏。

然而，解決方式並不是將所有事情都寫在清單上。以我們現今繁忙的生活節奏來看，這麼做只會讓清單膨脹；導致到了週末，你面對的將是一張令人沮喪的冗長清單，上面列滿了幾百條尚未完成的事項。

正確的做法，應該是讓自己專注於眞正重要的任務。我們之前提到過 80/20 法則如何應用在日常工作流程上；大部分待辦事項其實都可以忽略或延後處理。在這裡，我進一步建議你主動篩選，只將眞正值得處理的事項列入清單。

大多數任務管理清單的第二個問題，是缺乏明確的截止期限。看看你自己的待辦清單，你是否爲每一項任務都設定了完成期限？我敢打賭，答案很可能是否定的，而這正是問題所在。期限可以促使行動；要是沒有截止日期，人往往就會傾向於拖延任務的完成，這是人性使然。

但即使你屬於少數會爲清單中的每項任務設定截止日期的人，接下來的問題則是，你訂定的這些期限是否過於寬鬆？帕金森定律（Parkinson's Law）告訴我們：「工作會自然而然地膨脹，塡滿所有可用的時間。」你爲自己完成某項任務所設定的期限時間愈長，通常就得花更長的時間才能完成。

請爲任務設定一個具挑戰性的截止期限。

大多數待辦清單的第三個問題，是缺乏一套系統，來管理任務的優先順序。

我們都能直覺地判斷某些任務比其他任務更重要，也知道應該要有個方法來區分關鍵任務與瑣碎雜事。但眞正能夠建立起一套優先順序系統並確實執行的人，又有多少呢？

事實上，寥寥無幾。

我們大多數人都只是想到什麼就寫什麼，不會爲它們設定優先等級。要確立優先順序，必須將每個事項放進目前的工作流程，以及短期與長期目標的脈絡中加以考量。這需要時間與精力，但不管是哪一項，我們無論在什麼時候都不願意投入。

問題在於，如果沒有明確的優先順序來引導我們的工作流程，就難以判斷哪些任務最值得投入；最後使得我們只能憑當下的心情、興趣，或其他與提升生產力完全無關的因素，來隨機挑選任務。

現在，你已經了解大多數清單失敗的三個主要原因；接下來，我將分享十個實用的方法，幫助你打造眞正有效的任務管理清單。

1. 維持兩份清單：一份是每日清單，另一份是核心清單。

2. 清單要精簡，尤其是每日清單；如果某項任務不需要當天完成，就不要放進清單裡。

3. 從每日清單中選出三個最重要的任務，這些是你的「A級優先事項」，務必要完成。

4. 爲其餘的任務設定優先等級，使用B和C作爲標記。「B級優先事項」雖然重要，但即使未能完成，也不會變成世界末日；「C級優先事項」則可以擱置，不會產生任何後果。

5. 爲核心清單上的每項任務設定具體的日期截止期限（例如五月二十一日），並爲每日清單上的每項任務設定時間限制（例如四十五分鐘）。

6. 具體寫出每項任務可執行的動作，例如與其寫「廠商請款單」，不如寫「支付廠商的請款單款項」。

7. 補充完成任務所需的細節。例如你要打電話訂餐廳，就請把餐廳電話寫在你的清單上；這樣就不用之後再去查，既省時又省力。

8. 每週整理一次核心清單。可以選在星期天（或其他你方便的日子）瀏覽一次，刪掉已不再符合目標的事項。

9. 將大型任務拆解爲小任務。這可能會使待辦清單顯得雜亂，因爲你基本上是在爲清單加入更多事項；但在細分個別任務之後，要將它們完成就更容易了。

10. 確保核心清單上的每個項目都是短期內會進行的。假設你想學鋼琴，除非你打算在接下來幾週內採取行動，否則就先不要寫進去。

如果你想提高生產力，就必須建立有效的任務管理清單；否則你將花費大量時間在讓自己「看起來很忙」的事情上，卻無法眞正達成目標。

第六個習慣：
堅持健康的飲食習慣

「垃圾進，垃圾出」這句話長期以來一直是電腦科學領域廣爲流傳的俗語，基本含義即爲輸入決定輸出：正確的輸入應該能產生更好的結果，而錯誤的輸入則會導致成果的品質變差。

在提高工作效率的脈絡下，「垃圾進，垃圾出」的概念同樣適用於飲食。如果你希望提升生產力、完成更多事情並擁有更多空閒時間，就需要確保自己的身體獲得正確的營養補給。

試想你身邊那些飲食習慣很糟糕的人。他們可能總是大啖垃圾食物，而不是選擇營養均衡的餐點。他們習慣喝汽水而非水或茶，甚至對糖果愛不釋手；看看他們吃甜食的樣子，彷彿以後再也吃不到似的。

你不妨問問自己：長期來看，這個人的工作效率能好到哪裡去？姑且不論因爲糖分與咖啡因而短暫爆發的精力，而是從他的日常與每週的工作模式來觀察。他的工作是否順暢？是否能穩定產出高品質的成果，並以合理的速度完成工作？

答案很可能是否定的，而這多半與他的飲食選擇有關。

現在，再想想你認識的某位飲食健康的人：他堅持攝取的飲食，都能夠提供身體所需的維生素與營養，以幫助自己維持穩定的表現。

這個人很可能在任何一天的工作中都具備良好的生產力，不會依賴糖分或咖啡因來短暫衝刺，而是能夠長時間維持穩定的工作節奏。而且，相較於品質參差不齊的工作成果，她更有可能持續產出優秀的成果。

吃得健康，表現就會更好。

如果你和大多數人一樣，你可能介於這兩種極端之間。有時候你吃得很健康，但有時候又會放縱自己，吃一些不那麼健康的食物。

這樣的話，表示你的飲食還有改善的空間。若你希望自己在工作時能夠更專注、更精力充沛並且提升工作動力，那麼現在就是調整飲食的最佳時機了。

提升日常工作效率的簡單飲食技巧

以下幾個簡單的方法，可以幫助你改善飲食，確保身體獲得所需的維生素、營養素和礦物質。只要開始實行，你一定會感覺更有活力；過程中如果順便減掉了幾公斤，也沒什麼好驚訝的。

首先，檢視你的廚房和食品櫃，找出所有垃圾食物。把餅乾、甜點、洋芋片和糖果全部丟掉，就連你最愛的巧克力夏威夷豆也別留，全都扔進垃圾桶；先擺脫這些垃圾零食的誘惑。

接下來，找出那些真正能提供身體所需營養的食物。你的選擇會依個人口味、體質與食物耐受程度而有所不同，但請確保你的飲食中包含以下營養素：

- 維生素 A
- 維生素 B
- 維生素 B1、B2、B3、B6 及 B12
- 維生素 C
- 維生素 D
- 維生素 E
- 維生素 K
- 碘
- 鈣
- 錳
- 鎂

- 鉀
- 硒

很多人會服用保健品或綜合維生素，確保攝取足夠的營養。這類補充品雖然確實有其作用，但最理想的方式還是透過食物來攝取。研究顯示，人體從食物中吸收和代謝營養的效率，比從錠劑或粉狀補充品中要來得更好。

當你確定了哪些健康食物能提供身體豐富的營養後，就可以開始規劃你的飲食，讓這些食物成爲日常飲食習慣的一部分。

第三，簡單就好（至少一開始簡單就好），避免過於複雜的食譜。對你來說，準備健康餐點的方式愈簡單，你就愈有可能去執行它。當你漸漸適應這種新的飲食習慣後，再來嘗試比較費工的料理。

第四，控制份量。這個做法與間歇性斷食所提倡的完全相反；許多間歇性斷食者會在一餐內攝取高達兩千大卡的熱量，然後進行通常是十二至二十四小時的長時間空腹期。

間歇性斷食確實具有幾項值得注意的好處，它有助於控制膽固醇、提高生長激素的濃度，並且能讓飲食變得更簡單。但如果你選擇在一天中少量多餐，則能爲你帶來兩大好處：

1. 它能防止你攝取超過身體所需的熱量。

2. 它讓大腦有足夠時間接收「飽足感」的訊號。研究顯示，大腦要接收到腸胃道荷爾蒙傳來的飽足感訊號，需要長達二十分鐘的時間。試想在這二十分鐘內，你可能會多吃進多少不必要的食物！

第五，開始留意食品標示。每次到超市購物時，請記得檢查你買的食品成分。你可能會驚訝地發現，看似無害的產品中其實含有許多不健康的成分。最常見的問題成分包括高果糖玉米糖漿及各種膠類穩定劑，這些物質如今幾乎無所不在。

第六，吃一頓富含健康脂肪的早餐。這能讓你的飽足感維持更久，減少亂吃零食的機會。

長久以來，我們一直聽說飽和脂肪有害健康，還可能導致體重上升。然而，科學家現在已經發現，這種說法並不完全正確，甚至可能過於片面。像是雞蛋、牛肉、魚類、全脂優格和奶油等食物中的脂肪不僅美味，還有益於身體健康，並且能幫助你維持長時間的飽足感！

我攝取的脂肪比身邊幾乎所有人都多，但多年來體態依然保持修長——而且我的新陳代謝並不算特別快。

第七，限制水果攝取量。這個建議聽起來可能有點令人意外，畢竟我們大多數人從小就被教導水果有益健康：「一天一蘋果，醫生遠離我！」然而，現在市面上的水果大多經過培育，果糖含量遠高於過去。

許多研究顯示，長期攝取過量果糖可能會對身體產生嚴重不良影響，甚至有科學家主張，高劑量的果糖若長期累積，可能會對肝臟產生毒性。話雖如此，對於人體確切如何代謝果糖，目前學界仍未達成共識；因此，爲了避免攝取過多糖分，目前水果還是適量食用比較好。

請記住，「垃圾進，垃圾出」。你的飲食習慣，決定了你能否專心工作，並且維持整天的高生產力狀態。請善加運用上述七項技巧，打造能夠幫助你保持專注、充滿活力與積極動力的飲食習慣。

第七個習慣：刻意讓自己不容易被聯絡到

電子郵件、社群媒體、簡訊、電話、聊天室，甚至是突如其來的敲門聲……這些干擾都可能打斷你的工作。它們不僅讓你分心，影響工作進度，還會破壞你的工作節奏。

這類干擾和其他分心來源（例如在 YouTube 上看貓咪影片）最大的不同在於——它們來自他人對你時間的需求。

這使得情況變得更加棘手。

你可以關掉 YouTube，也可以克制自己不打電動。但一旦你開始回覆電子郵件、簡訊、聊天或其他任何管道的訊息，要抽身就會變得困難許多。有多少次你原本只是想回個電話，預計只花幾分鐘就結束，卻不小心被拉進一場長達半小時的對話中？

這就是「隨時聯絡得到人」的一大缺點，而且更糟的是……

干擾如何摧毀你的工作效率

反覆的干擾，對你的工作效率可能會造成毀滅性的影響。研究顯示，人每次被干擾後，可能需要長達二十五分鐘，才能完全回到原本的工作節奏。你可能以爲自己能立刻重拾進度，但事實上，大腦需要時間重新進入狀態；而在這段時間內，你的工作流程就等於陷入了停滯。

想像一下，如果你每小時都被打斷一次，那麼大腦每個小時都得浪費很多時間在試圖重新進入狀態上；到最後你可能會發現，自己真正完成的工作少得可憐。

現在來想想那些整天不斷檢查電子郵件、社群媒體、簡訊和語音信箱的可憐人，幾乎已經到了上癮的程度；這樣他們怎麼可能完成任何工作，真的讓人匪夷所思！

讓自己不容易被聯絡到的藝術

如果你想提高工作效率，就必須讓自己不容易被聯絡到。換句話說，別急著回應別人對你時間的需求，請等到你的工作進度已經告一段落的合理時機再行處理。

例如，假設你正在使用番茄鐘工作法來提升專注力，典型的番茄鐘工作法時間安排如下：

- 工作二十五分鐘

❊ 休息五分鐘

- 工作二十五分鐘

❋ 休息五分鐘

• 工作二十五分鐘

❋ 休息五分鐘

• 工作二十五分鐘

❋ 休息十五分鐘

在五分鐘的休息時間回覆電子郵件不是一個好主意，因爲一旦開始，就很容易陷入無止境的往來對話，每一封回信都可能引發對方的即時回覆，結果讓你投入比原本預期更多的時間。

同樣地，使用社群媒體、簡訊、電話和線上聊天來和他人聯絡，也是相同的道理。

其中一個選擇是等到十五分鐘的長休息時段再和其他人聯絡，因爲那時你可以運用的時間會比較充裕。

此外還有另一個選擇，而且在我看來，這個做法好得多——就是每天安排特定的時間來回覆電子郵件、簡訊和電話。我個人是設定在每天上午十一點到十一點半，以及傍晚六點到七點；就這樣，一天兩次。我區隔出合理的時間段，讓自己能夠在自己掌控的節奏下和其他人聯絡。

這樣做的好處是我可以專心投入工作，同時仍然能確保在二十四小時內回應所有需要回覆的訊息。

你可能會暗自擔心：「萬一有人有什麼重要的事，需要我馬上回應怎麼辦？」

告訴你一個小祕密：即便提出需求的對方試圖讓你覺得事態緊急，但真正需要立即回覆的事情其實非常少。許多看來緊急的事件，很少真的屬於緊急狀況。

大部分的事項即使等上七、八個小時，也不會有任何嚴重影響。

如果你希望在工作時間保持不容易被聯絡到的狀態，我建議你試試這些方法：

- **把手機關機**，避免使用社群媒體，工作時也不要收電子郵件。

- **每天選擇兩個時段來查看電子郵件、簡訊、語音信箱和社群媒體**；如果你的職位或業務需要更頻繁地「報到」，請依職責需求適當調整。

- **養成習慣，忽略所有要求占用你時間的臨時打擾**。如果有人敲門，請無視它，並繼續專心工作；要是對方還是鍥而不捨，降噪耳機可能會派上用場。當然，對於真正需要立即處理的例外情況，仍應適當應變。

上述建議可能跟你所習慣的不太一樣。你或許習慣在有人用電子郵件、電話或簡訊找你的時候就馬上回應，甚至可能擔心如果沒有立刻回覆，對方會因此生氣。但其實，這種擔憂是不是真的，取決於你爲其他人建立的預期。如果人們預期能夠從你那裡獲得即時的回應，那麼現在該是重新設定這些預期的時候了。

有些人會理解你的調整，有些人則可能覺得困惑，需要一點時間適應；還有些人，甚至會因爲你不再立刻回應他們的需求而感到不滿。

然而，你無法掌控他人的感受，所以也別浪費時間在意。如果有人因此不滿，就讓他們繼續不滿吧，大多數人最終都會習慣你的新做法。

若要爲這個章節下個總結，請記得最重要的一點是：頻繁的干擾會嚴重破壞你的工作效率。請記住，只有你自己能夠保護自己的時間與工作節奏，而你也是唯一眞正關心這件事的人。當其他人要求占用你的時間時，請牢記這一點。

如果你想完成更多事情，並擁有更多時間投入你眞正重視的人事物的話，就請保持不容易被聯絡到的狀態吧。

第八個習慣：維持穩定的 80/20 心態

你一定聽過 80/20 法則，它的意思是：80% 的成果來自 20% 的努力。

這個法則最早由經濟學家維弗雷多．帕雷托在二十世紀初期提出，後來被廣泛應用於人們想像得到的各種領域；從航太科學到動物學，各領域的專家都利用這個法則，來決定如何分配有限的資源。

根據維基百科記載，帕雷托在二十世紀初觀察到，自家花園裡有 80% 的豌豆產量來自 20% 的豌豆莢。這個觀察結果後來被稱爲「80/20 法則」，並由各領域的專家進一步延伸研究。

舉例來說，零售業發現 80% 的銷售額來自 20% 的顧客；音樂產業發現，有 80% 的電台播放資源集中在 20% 的樂團與音樂人上——實際情況甚至更爲極端，可能接近 99% 比 1%，但概念相同。軟體工程領域發現，80% 的生產力來自 20% 的工程團隊流程。

重點在於，待辦事項清單上的每一項任務，對你的目標而言並不具備相同的重要性。比起其他任務，有些任務能幫助你更快達成目標；有些卻完全只是在浪費時間而已。

你需要學會分辨哪些任務值得投入心力、哪些可以擱置，甚至直接捨棄。

為什麼你一定要在生活中運用 80/20 法則

如果你希望提升生產力，那麼運用 80/20 法則，是你必須養成的最關鍵習慣之一。若你從不區分哪些事情對你的目標有所貢獻、哪些則毫無助益，那麼你永遠都只是在浪費時間而已。

你浪費在非核心任務上的時間，原本可以讓自己用來陪伴家人和朋友、經營副業以創造額外收入、在職涯發展上更進一步並成爲某領域的專家；甚至只是單純放鬆，讓大腦在辛勞的一天後可以好好地充電。

當你將 80/20 法則應用於生活時，你會更傾向於捨棄那些價值不高的次要活動。如此一來，你將能騰出更多時間，讓自己得以投入更有成效、帶來更大回報的事物。

能夠將 80/20 法則應用在日常生活中的方式各式各樣；你只是需要一點創意，並且願意刪減那些不必要、目前卻占據著你待辦清單的大量瑣事。

如何運用 80/20 法則，讓自己省下更多時間

讓我們先來談談電子郵件。每封進到收件匣的郵件，你真的都有需要打開嗎？多半不用。大部分的郵件都可以略過，或者等到你有空時再看。

想想你收到的電子報，就算你取消大部分的訂閱，也很可能根本不痛不癢。

再來，是你收到的語音留言。你真的有必要每一則留言都回覆嗎？同樣地，答案是多半不需要。的確，每個留下語音訊息的人都可能希望得到回應，但這並不代表你必須滿足他們的期望。

在需要回應的情況下，你不妨考慮以電子郵件提供所需資訊，這樣可以避免被電話交談耽誤，浪費原本可以用來專注工作的時間。

第三，如果你正在經營自己的事業，思考一下你花了多少時間處理客訴，這些時間真的用得有效率嗎？

想想看，有些顧客對你的業績貢獻度較高，當然值得花更多心思服務；但有些顧客對你的整體收益幾乎沒有影響，因此若他們的抱怨沒有什麼道理，花大量時間應對就不太值得。直接退款並將注意力轉向更重要的事務，會是更明智的

選擇。

假使你是企業主，節省時間的一種方式就是想辦法從源頭減少客訴。如果你提供的是服務，請確保你把服務做到最好；如果你銷售的是產品，請確保產品品質優良。此外，也請在你的網站上設立「常見問題」頁面，把顧客過去常問的問題先整理好，提前解決潛在問題。

第四，仔細檢視待辦清單中有所重複、或與你過去已完成的任務類似的事項，因爲它們長期下來會占用大量時間。請問問自己，這些任務對你的目標有何貢獻？它們眞的對你有幫助嗎？如果有的話，影響有多大？

這裡的重點，在於判斷這些任務是否值得投入時間與精力。你是因爲它們眞的重要才做，還是只是照著習慣行事？如果它們對你的目標沒有幫助，請乾脆把它們刪掉。

第五，思考你的上網習慣。回想一下你每週瀏覽的網站，把它們記錄下來，然後先把清單擺在一邊。一週後再回頭檢視這份清單，有多少網站的確對你的目標有幫助？有多少是眞正對你的營收有貢獻的？你很可能會發現，眞正值得保留的其實沒幾個。

上網放鬆本身沒什麼問題，這的確是種不錯的休閒方式；但要是你每天在 Facebook、CNN 或 YouTube 上花好幾個小時，就真的太浪費時間了。

我們剛剛只舉了幾個在生活中可以如何運用 80/20 法則的例子，但你也可以用許多其他不同的方式，來應用這項法則。最重要的是謹記你的時間就是金錢，每省下一分鐘不必要的瑣事，你就能將這一分鐘投入其他更有價值的事情。

對有些人來說，這可能會是他們改變人生的啓發。

結論就是：要想顯著提升效率，就請養成習慣，把 80/20 法則應用到你生活中的各個層面中。

第九個習慣：擺脫完美主義

我們大多數人都有完美主義傾向，總希望把事情做好，並願意投入必要的時間和精力來實現它。

舉例來說，如果你是軟體工程師，你會花費數小時確保自己寫的程式碼乾淨俐落，還為每一行加上詳細的註解。如果你是小說家，你會一遍又一遍地為你的作品進行編輯，確保沒有拼字或文法錯誤。如果你是會計師，你可能會花上大把時間，確認每位客戶的文件毫無差錯。

你可能會想：「等一下，完美才是專業的最高標準吧；身為這個領域的專業人士，大家當然會期待我做到完美啊！」

但這其實是錯誤的想法。

很少有人真的會期待別人做到完美。你的主管、客戶和另一半都知道，只要是人就會犯錯。只要你的工作不是漏洞百出，他們通常都能接受。想想 iPhone 和 Kindle 這類電子產品；身為它們製造商的 Apple 和 Amazon 都明白，自家的產品不可能完美無缺。這兩家公司從不試圖打造十全十美的產品，而是選擇先開發並推出產品，然後才根據客戶回饋，在後續版本中修正問題。

你當然會希望在一天的工作中盡量減少犯錯，畢竟錯誤需要時間來修正，還會影響他人對你的觀感；但也別花太多時間反覆檢查，只為了確保沒有一點遺漏。

追求完美，其實沒那麼值得。

完美主義如何拖累你的工作效率

完美主義的問題在於，它與維持高生產力是背道而馳的。

這兩者就像油和醋一樣，無法融合在一起。

想像一下，當你一味追求完美的狀態時，會發生什麼事：

- 你得花更多時間才能完成工作。
- 你花大量時間在別人很可能不會注意的細節上。
- 你錯過截止期限。
- 你開始瞧不起別人不夠完美的成果（即便他們準時完成工作，還獲得主管與同事的肯定）。
- 你對做出自己眼中任何不夠完美的作品這件事，產生強烈的抗拒。
- 你開始害怕失敗。
- 你為了追求零錯誤的成果，而開始忽略自己的健康。

- 你浪費了大量原本可以用來做更有意義事情的時間。
- 最後你會變得沒什麼朋友，因為沒有人能夠符合你過於嚴苛的標準。

說來諷刺，這些問題往往會導致你的工作品質明顯且迅速地下滑。為什麼？因為對完美的執著最終會讓你過勞，導致你更容易出錯，反而削弱了你工作的動力；你因而開始拖延，害怕自己產出的成果會被他人指指點點。

這是個殘酷的惡性循環。你錯誤的完美主義心態，反而成了讓你無法達到完美的絆腳石；而在這個過程中，你的工作效率也因此大打折扣。

如何控制內心的完美主義者（並且提升工作效率！）

要判斷自己是不是完美主義者並不困難，許多跡象都能透露端倪。擺脫完美主義的第一步，就是認清這些特徵。看看你在日常工作中，是否出現以下警訊：

- 你害怕冒險。
- 你不喜歡離開舒適圈，也抗拒學習新事物。
- 即使別人稱讚你的工作表現，你還是會因為小錯誤而苛責自己。

- 你對建設性批評的反應很負面。
- 你經常趕不上截止期限，或已經很習慣延長時間。
- 你無法接受別人的工作表現比自己更好。
- 你是個事必躬親的控制狂，討厭把工作交給其他人。
- 你對自己與他人都有不切實際的目標與期待。
- 你的自尊高度依賴他人對你工作的評價。

如果你在自己身上發現了上述任何特徵，那麼該是時候來重新評估你對工作的態度了，尤其是讓你內心的完美主義者退場。以下是一些建議：

1. 留意上述徵兆。你不一定符合所有特徵，但只要有幾項，就可能是一個警訊。

2. 對自己誠實。如果你發現自己有任何這些警訊，別試圖說服自己「這樣的工作方式沒問題」；自我覺察是你改善工作流程的關鍵。

3. 找出自己爲何執著於完美。你是不是覺得這樣才能讓職涯更順利？還是深信一旦出錯，自己的事業就會全毀？究竟是哪些信念，在驅動你對完美主義的追求？

4. 質疑你的信念。你在第三步辨識出的想法，很可能只是錯誤的迷思；例如只是犯個錯誤，並不會眞的讓你的事業全毀。請試著逐一質疑這些想法，確保它們眞的合理。

5. 慢慢一個一個習慣去改變。如果你很抗拒把工作交給別人，可以先試著外包幾項比較不重要的工作。如果你對建設性批評的反應很負面，那就主動尋求他人的誠實意見，讓自己更禁得起考驗。不要馬上就想做出劇烈的改變，先專注在一個習慣上就好。

6. 追蹤你的結果。你開始新習慣之後，有沒有發生什麼負面的影響？這些改變產生了哪些效果？要眞正擺脫完美主義，你需要親自確認上述的調整，不會導致負面後果；而做到這點的唯一方法，就是追蹤你的結果。

7. 限制你在每項工作上所花費的時間。一項工作往往會占據你分配給它的所有時間；如果你給自己太多時間，內心的完美主義者就會再次作祟。爲了避免這種情況發生，請爲待辦事項中的每項任務設定明確的時間限制，並在時間到時果斷停止。

完美主義會拖垮你的工作效率，甚至可能傷害到你的事業、阻礙你的職涯發展，甚至讓身邊的人對你敬而遠之。

學會放下你的完美主義吧；要是你因此發現自己的產出品質與效率有立即的進步，也不用太意外。

第十個習慣：一次只專注做好一件事

同時做好幾件事是生產力的大敵，這一點應該沒什麼好驚訝的。已經有無數的文章、甚至專書，都在反覆強調這個觀念。但即使已經存在著這麼多反對一心多用的論述，人們還是忍不住想要一次不只做一件事。

其中一個原因是一心多用帶來的成就感。因爲大腦一直在運轉，沒有機會可以休息，所以你會誤以爲自己完成了很多事情，這種錯覺甚至會讓人覺得很有成就感。

問題在於這只是源於自我欺騙的幻覺而已；這與一個人對自己的婚姻感到滿意，卻不知配偶在外尋歡作樂，沒有本質上的不同。

要想擺脫你內心一心多用的迷思，關鍵在於認清這種錯覺；你必須確實了解自己分散注意力處理多項事務，會如何讓你的工作效率大打折扣。

一心多用的壞處：為什麼你該專心一次只做一件事？

一心多用的人最大的錯覺，就是認爲自己做事很有效率。他們以爲比起一次只處理一件事，這麼做能完成更多工作，甚至深信自己的成果品質能夠維持不受影響。

然而，現實往往天差地遠。以下是一心多用對你的工作效率和品質的六大衝擊：

1. 你在進行的每項任務，都需要更長時間才能完成。這是因爲你的注意力被多件事情分散，而不是憑空增加了更多的心力空間來應付額外的負擔。更何況，每當你的大腦從一項任務切換到另一項時，都需要時間來重新適應，這就是所謂的「切換成本」。

2. 你犯的錯誤變多了。你可能已經發現，當你趕時間時，錯誤率往往會上升；這跟你試圖同時處理多項任務時，會發生的狀況一樣。畢竟，你能分配給每項工作的心力空間是有限的，你能給予的注意力愈少，出錯的機率就愈高。

3. 你會容易遺漏重要的細節。研究發現，一心多用的人更容易發生記憶力衰退的情況，這種負面影響，會隨年齡增長而變得更加明顯；《美國國家科學院院刊》（Proceedings of the National Academy of Sciences，暫譯）就曾於二〇一一年，發表這項驚人的研究結果。

4. 你面對的壓力變多了。這應該不難理解，一次處理很多事情，會讓你的壓力變得很大。我們試著同時處理的事情愈多，感受到的壓力就愈明顯。再加上現代生活中各種讓人分心的電子設備，像是智慧型手機、平板電腦等，注定讓你變得愈來愈焦慮。

5. 你會變得較缺乏創造力。二〇一二年，《心理科學的最新發展方向》（Current Directions in Psychological Science，暫譯）期刊發表了一項研究，伊利諾大學的研究人員發現，一心多用會損害人的工作記憶和解決問題的創造力；而這可能影響生活的許多層面。沒有了源源不絕的靈感，你在工作上就可能難以解決問題、開發實用的產品，甚至寫不出吸引人的內容。創造力的缺乏，甚至也許會影響你與另一半或孩子們的關係。

6. 長期下來，你的大腦會受到損害。科學家發現，一心多用會損害認知功能。不論年齡，當人們在認知測試中試圖一次做太多事時，他們的表現都會變差。美國卡內基美隆大學認知大腦影像中心（Carnegie Mellon University，Center for Cognitive Brain Imaging）的研究人員發現，與一次專心做好一件事相較之下，一心多用會讓大腦的運作效率大幅下降。

由此可見，一心多用所導致的成本相當高，尤其是在工作效率方面；它可能會影響你的職涯、事業、家庭，甚至整體的生活品質。如果你向來習慣一次同時處理很多件事，現在就是改變工作方式的時候了。

如何培養一次只做一件事的高效能習慣

首先，你必須認清一個事實：一心多用是生產力的大敵。如果你還是無法接受這點，就很可能會一直找理由說服自己繼續多工。幸運的是，你不需要刻意催眠自己，來相信一次處理一件事的好處：因爲前面提過的那些大量的科學研究，早就證明了這一點。

接下來，請養成習慣，拒絕他人對占用你時間的要求。如果你沒有義務答應，就學會說「不」。許多人之所以習慣一次做很多事情，是因爲他們忙到天翻地覆。然而，眞正的問題並不在於「忙碌」，而在於他們無法拒絕別人的要求，結果答應要做的事反而跟自己的目標毫無關聯。

第三，在處理工作與專案時，可以試試番茄鐘，或先把時間段預留起來。這兩種方法都強調一次專注在一件事情上，避免受到干擾，是幫助你訓練專注力的好工具。

第四，確保充足的睡眠。當大腦疲勞時，你的注意力會變得更容易渙散，甚至連你待辦事項清單上的種種事項，都會變成干擾。你疲憊不堪的大腦無法集中，因此可能會下意識地嘗試一口氣做很多事，只爲了逃避眼前的工作。

第五，適時休息。大腦無法長時間高效運作而不休息。你應該也已經發現，當工作時間愈長，你會愈難維持自己的專注力；大腦是需要定期休息的。

第六，前一天晚上先規劃好工作流程。當你開始一天的工作時，應該已經對當天有清楚的計畫；你知道要完成哪些任務，以及它們的處理順序。擁有明確的計畫能幫助你保持專注。

第七，工作時聆聽音樂。選對音樂能幫助你更專心，還能減少外在干擾（例如同事的影響），讓你不容易陷入一心多用的狀態。請記住，當注意力被分散時，大腦會開始想辦法來逃避眼前的工作。

不過，並非所有人都適合一邊工作一邊聽音樂。你的工作環境可能不允許你戴耳機並「隔絕」周遭活動，或者音樂本身對你來說就是一種干擾。我認識許多作家，他們需要絕對安靜的環境才能專心工作。

我建議你嘗試不同類型的音樂，例如巴洛克音樂（布拉姆斯的作品很不錯）、氛圍感強烈的搖滾樂，或「預告片音樂」（試試在 YouTube 上搜尋 Thomas Bergersen 和 Two Steps From Hell）。最好選擇純音樂，避免有歌詞的歌曲，以免你因爲歌詞而分心。

到目前爲止，我們已經討論完「讓你生產力飆升的十大習慣」了。但我一向很支持加碼這個行爲，所以想再多分享一個實用的習慣……

加碼習慣：看待自己時間的方式，要自私一點

沒有人像你一樣有動機保護自己的時間。沒人能因此獲得與你相同的好處，也沒有人會像你一樣承受時間流逝的代價。

你的朋友、家人和同事並不需要爲你的效率低落承擔後果。如果你屈服於他們對你時間的要求，他們能得到自己想要的，像是你的關注、協助等；但同時，他們卻不必面對這些要求所帶來的負面影響，眞正要承受工作延誤、注意力分散、工作節奏中斷的人，是你自己。

這聽起來或許有些悲觀，但根據我的經驗，這就是事實。想想看，是不是有同事會對你說這個問題「只要一秒鐘」就能解決，或是問你：「可以借我一秒鐘嗎？」

你上次遇過的確只花一秒鐘的請託，是多久以前的事了？這種要求本身就很不老實，透露出對方認爲自己的時間比你的更寶貴——只是當你質疑時，對方通常不會承認而已。

但你有沒有想過，自己可能也在默默助長這個問題呢？

你是如何放任別人中斷你的工作流程的？

人們之所以認爲打斷你是合理的，部分原因在於他們認爲這是「正常的」行爲。或許他們過於自我中心，認爲別人應該停下手邊的事情來配合他們的需求；又或者，他們本身就不珍惜自己的時間，因此也無法理解你的時間有多寶貴——導致這種情況的原因可能不勝枚舉。

不過其中最關鍵的因素，很可能是這一點：你以前曾經答應過他們的要求。

我們每天都在訓練身邊的人，透過建立他們對我們的期待，來塑造彼此的互動模式。這些期待一旦形成，並且持續被強化，就會進一步驅使他們的行爲。

舉例來說，假設每次同事來找你，不管你正在做什麼，都會立刻放下手邊的工作。每一次有人打斷你，你的回應方式都是直接給予他們你的專注，就等於是在獎勵這種打擾行爲一樣。

那你知道爲什麼這個人以後會更傾向來打斷你了嗎？因爲你已經讓他覺得，他一定會得到你的協助。而且，你釋放出的訊息是，他就算打斷你也不會怎麼樣。

如果有什麼事可以讓你覺得安慰一點，那就是大多數人其實也是這樣的；大家都認為自己應該對周圍的所有人說「好」，免得別人覺得自己很難相處。

但問題在於，這種做法無意間讓他們未來更容易被打擾，因為他們已經讓對方認為這樣的行為是可以接受的，而且很可能會帶來好處，像是你的關注、協助等。

如果你正陷入這種困境，那麼現在就是打破這個循環、重新設定期望的時候了。

如何對他人說「不」

學會說「不」是一種需要學習的能力。你一開始可能會覺得很難，但愈是反覆練習，就會變得愈來愈容易；換句話說就是熟能生巧。

最重要的是，請記住拒絕別人不是什麼壞事，這純粹是為了保護自己的時間。你一天可以用來處理自己生活中優先事項的時間，就只有這麼多而已；如果你屈服於別人對你時間的要求，會迫使你將自己的優先事項擱置。

請先專注於誠實與對方溝通。當別人來請求協助時，與其直接拒絕，不如清楚說明你為什麼沒辦法幫忙。

第二步，是讓對方知道你稍後會有時間協助他們。例如，當有人到辦公室找你時，你可以說：「我很想幫忙，但我目前有份報告要先趕給主管；我們可以下午三點十五分再討論嗎？」

這樣做可以為打斷你的人提供一個替代方案；光是這樣，就能讓你的拒絕更容易被接受。

另一種策略是讓所有要求都經過另一個人——例如你的主管。身為你的主管，應該會知道你目前正在忙什麼；也因此他們可以決定，你是否還有餘裕處理其他人的需求。（但如果你的主管不太清楚你的工作狀況，記得主動向他們說明。）

當然，這個方法僅適用於有上級主管的工作環境。如果你是自行創業，這種方法就行不通了，畢竟你就是自己的老闆，沒有上級可以幫你過濾請託。

學會說「不」將成為你提高工作效率最重要的工具之一。剛開始可能會感到不太自在，但請記住，要真正守護自己的時間只能靠自己；沒有人會比你更在意這件事。

結論：培養更有效率的習慣

請把本手冊中提到的十個習慣（加上這個加碼的習慣），

視爲協助你打造高效率生活方式的基礎；提高生產力的好處不只是完成更多工作，它還能讓你的生活變得更加充實。

你將有更多時間與家人和朋友相處，也能投入更多時間在自己的興趣和嗜好上；在壓力變小、專注力愈來愈好的同時，也擁有更高的工作效率及更豐厚的收入。

我強烈建議一次專心培養一個習慣，先徹底掌握之後進入下一個習慣。否則，你可能會在過程中覺得不知所措、充滿挫折，這樣只會讓你更想放棄而已。

此外，我也鼓勵你去看看我在 ArtOfProductivity.com 上分享的內容。只要有什麼能夠進一步幫助你提升生產力的重要心得，我都會在部落格上分享，並且寄送一封簡短的電子郵件通知你。

最後，請務必在收到我的電子郵件時盡快閱讀。因爲我只要在 Amazon 有新書上市，都會計畫在前一兩天提供大幅折扣；一旦新書上市的優惠期結束，售價就會恢復成原價。

如果你在收到郵件時馬上閱讀，就不會錯過這些超值優惠！

我誠摯希望你喜歡這份手冊，裡面的內容都是可以立即應用的實用資訊，幫助你大幅提升工作效率。

請享受這趟旅程，並堅持追求更充實的人生，讓你擁有足夠的時間，去做對你而言最重要的事。

祝你一路成功！

戴蒙．札哈里斯

https://artofproductivity.com/

關於作者

戴蒙．札哈里斯是一名企業界逃兵，在忍受了多年無謂的會議、同事頻頻打斷工作的隨意閒聊以及干擾不斷的職場環境後，最終決定自己另闢蹊徑，尋找屬於自己的道路。如今，他專注於撰寫愈來愈多關於時間管理和生產力的書籍，也負責經營生產力部落格 ArtofProductivity.com。

空閒時，他喜歡和朋友一起下棋、玩撲克牌，偶而打打電動；也常提醒自己該重拾吉他，重溫音樂的樂趣。

戴蒙目前居住在南加州，與十分支持自己的美麗妻子，以及一隻熱情、古怪，有時調皮搗蛋的狗狗一起生活。現在，他正感慨萬分地緬懷離他逐漸遠去的五十歲時光。

劉潤作品集

《底層邏輯》

你真的相信眼睛所看到的一切嗎？

事實是最不容易產生爭議的客觀存在嗎？或許，我們對事實的瞭解，還不夠全面。或許，我們是被表象或經驗欺騙、迷惑，導致看不透事情的本質。

唯有透過「底層邏輯＋環境變數」，才能讓你在千變萬化的世界中，認清所有真相！

《底層邏輯2》

看似複雜的商業模式，用幾個簡單的數字便可輕鬆破解！

假如閱讀完《底層邏輯》，你掌握了是非對錯、思考問題、個體進化、理解他人和社會協作五方面的底層邏輯。

那麼現在《底層邏輯2》，將用簡單的數字和思維，讓你看清世界的規則，看透商業的本質，破解商業難題，收穫屬於你的成功！

《商業簡史》

降低交易成本，提升網絡密度

徹底剖析商業進化的歷程，讓每一個在交易世界裡辛苦掙扎的人，從一個打工者越過「中獎者」、「套利者」，成為「取勢者」，收穫時代紅利！

《勝算》

用機率思維找到可複製的核心能力，
掌握提高勝算的底層邏輯
定準方向、找對方法、做好決策、思維進化、管理智慧、商業邏輯，

幫你用六大進階步驟、117 個思維模型，破解複雜難題，提高人生勝率！

《進化的力量》

「不是最強壯的，也不是最聰明的，而是最適合的才能生存。」

活力老人、數字石油、新消費時代、Z0 世代、流量生態、跨境加時賽。

看清世界變化，你也能成為一隻商業世界的「達爾文雀」，不斷進化、與時俱進。

《進化的力量 2》

從意外看到周期，從周期看懂趨勢，從趨勢看清規劃。

應對不確定性的思考框架， 化解意外，穿越週期；鎖死趨勢，擁抱規畫，把確定性傳遞給每一個人。

安全感來自確定性，但機會藏在不確定性中！

大膽思考：胸懷卓越、成就非凡，釋放人生無限潛能的十步驟 / 戴蒙．札哈里斯 (Damon Zahariades) 著；林幼嵐譯．-- 一版．-- 臺北市
：時報文化出版企業股份有限公司，2025.05
譯自：Think big : a 10-step guide to aspiring to greatness.
ISBN 978-626-419-397-9(平裝)
1.CST: 成功法 2.CST: 思維方法　177.2　114003859

ISBN 978-626-419-397-9
Printed in Taiwan

DH00460

大膽思考：

胸懷卓越、成就非凡，釋放人生無限潛能的十步驟

作　　者 戴蒙・札哈里斯 Damon Zahariades
譯　　者 林幼嵐
主　　編 林潔欣
企劃主任 王綾翊
美術設計 比比司設計工作室
內頁排版 徐思文

總 編 輯 梁芳春
董 事 長 趙政岷
出 版 者 時報文化出版企業股份有限公司
108019　臺北市和平西路 3 段 240 號 3 樓
發行專線－（02）2306-6842
讀者服務專線－ 0800-231-705・(02)2304-7103
讀者服務傳眞－ (02)2304-6858
郵撥－ 19344724　時報文化出版公司
信箱－ 10899 臺北華江橋郵局第 99 信箱
時報悅讀網－ http://www.readingtimes.com.tw
法律顧問－理律法律事務所 陳長文律師、李念祖律師
印　　刷－勁達印刷股份有限公司
一版一刷－ 2025 年 5 月 2 日
一版二刷－ 2025 年 5 月 19 日
定　　價－新臺幣 400 元
（缺頁或破損的書，請寄回更換）

時報文化出版公司成立於一九七五年，　並於一九九九年股票上櫃公開發行，於二〇〇八年脫離中時集團非屬旺中，以「尊重智慧與創意的文化事業」爲信念。

Translated and published by China Times Pulishing Company with permission from the Art of Productivity and DZ Publications. This translated work is based on THINK BIG: A 10-step Guide to Aspiring to Greatness